Lei do Santo
poder e conflito no candomblé

Armando Vallado

Lei do Santo
poder e conflito no candomblé

Rio de Janeiro, 2021
1ª edição | 1ª reimpressão

Copyright © 2010
Armando Vallado

Editoras
Cristina Fernandes Warth
Mariana Warth

Produção editorial
Aron Balmas
Rafaella Lemos
Silvia Rebello

Preparação de originais
Eneida D. Gaspar

Revisão
Diogo Henriques

Diagramação
Abreu's System

Projeto gráfico, foto e ilustração de capa
Luis Saguar e Rose Araujo

(Este livro segue as novas regras do Acordo Ortográfico da Língua Portuguesa.)

Todos os direitos reservados à Pallas Editora e Distribuidora Ltda.
É vetada a reprodução por qualquer meio mecânico, eletrônico, xerográfico etc., sem a permissão por escrito da editora, de parte ou totalidade do material escrito.

CIP-BRASIL. CATALOGAÇÃO-NA-FONTE
SINDICATO NACIONAL DOS EDITORES DE LIVROS, RJ

V272l
    Vallado, Armando
        Lei do santo : poder e conflito no candomblé / Armando Vallado. - Rio de Janeiro : Pallas, 2010.
        160p.

        Inclui bibliografia
        ISBN 978-85-347-0433-5

        1. Candomblé. 2. Orixás. I. Título.

10-2313.   CDD: 299.6
                                      CDU: 299.6

Pallas Editora e Distribuidora Ltda.
Rua Frederico de Albuquerque, 56 – Higienópolis
CEP 21050-840 – Rio de Janeiro – RJ
Tel./fax: 21 2270-0186
www.pallaseditora.com.br
pallas@pallaseditora.com.br

À memória de meu babalorixá, Prof. Agenor Miranda Rocha.

Para Ominlesi e Ominwá

AGRADECIMENTOS

Este livro é uma versão modificada da tese de Doutorado em Sociologia originalmente defendida no Departamento de Sociologia da Universidade de São Paulo, e que se tornou possível graças ao apoio de instituições e pessoas às quais desejo agradecer expressamente.

À CAPES, pela concessão da bolsa de pós-graduação.

Ao Prof. Dr. Reginaldo Prandi, meu orientador e amigo, de quem serei eterno aprendiz.

Aos membros da banca examinadora Prof. Dr. Renato da Silva Queiroz, Prof. Dr. Cláudio Torres Vouga, Profa. Dra. Marlyse Meier e Profa. Dra. Teresinha Bernardo (em especial), pela leitura crítica e sugestões preciosas feitas durante o exame da tese.

À Patrícia Ricardo de Souza, com quem divido os acertos que este trabalho contenha.

Aos amigos Robson Borba, Inês Amaral, André R. de Souza, Denise Camargo e Fábio Regadas, pela amizade e dedicação.

À Cida Toloji, por disponibilizar-me carinhosamente seu dia a dia.

Ao meu pai Oswaldo (*in memoriam*) e à minha mãe Lourdes Òosanifé, pelo amor incondicional. À minha irmã Eliete Delewá e aos meus sobrinhos, Daniela Alaifé, Vanessa Oritalè e Fernando Olaiyá, por me ajudarem na continuidade de nosso terreiro.

Ao falecido Toy Vodunon Francelino de Shapanan, dirigente da Casa das Minas de Thoya Jarina, que com sua sensibilidade e inteligência trouxe para São Paulo o culto aos voduns e encantados, e que tanto me ajudou durante a pesquisa.

Aos amigos do Ilê Axé Ossaim Darê, do Abaçá Mina Jêje-Nagô Nochê Naveorualim, do Ilê Axé de Oxum Apará, do Ilê Axé de Lufã e do Ilê Axé Palepá Mariwo Sessu, pelo apoio fraterno.

Aos chefes e ao povo de santo dos terreiros pesquisados.

Aos filhos de santo do Candomblé Casa das Águas.

A Eduardo Toth, de Erinlé, por sua curiosidade e inquietação e pelo imenso respeito a minha fé.

Muito obrigado.
ARMANDO VALLADO
São Paulo, 2008

SUMÁRIO

Prefácio 11
Introdução 17
Capítulo I: Hierarquia 25
    A corte africana 27
    Títulos masculinos 30
    Títulos femininos 31
Capítulo II: Papéis 35
    Falar de si e dos outros 43
Capítulo III: Cotidiano 49
    As famílias de Mãe Nair 52
    O terreiro de Mãe Nair 57
    As novas diretrizes 61
Capítulo IV: Sucessão 69
    Sucessão na casa de Pai Lauro de Obaluaê 70
Capítulo V: Vínculo 81
    A primeira iniciação 85
    Mudando de axé 89
    Uma mudança radical 94
    Novos caminhos 105
Capítulo VI: Tabu 107
    Tabus dos orixás 108
Capítulo VII: Mito 133
Conclusão 143
Glossário 147
Bibliografia 151

PREFÁCIO

O candomblé é uma religião ritual, o que significa que a realização dos ritos ocupa lugar central no culto aos orixás. Os preceitos que envolvem a prática ritualística determinam como se deve agir, o que pode ser feito e o que é proibido, seja no próprio ato ritual, que se dá no terreiro, seja no cotidiano fora do terreiro, no mundo secular. Tais preceitos orientam a ação entre o fiel e seu orixá, antes de mais nada, depois entre o fiel e seu pai ou mãe de santo, finalmente entre o fiel e seus "mais velhos" e seus mais "novos". Os compromissos são estabelecidos, idealmente, nessa ordem, podendo o pai ou mãe de santo vir em primeiro lugar. Não há compromisso de ordem moral que regule as relações do fiel com a sociedade em que ele vive. Acredita-se que a sociedade é um espaço de realizações pessoais, onde cada um deve perseguir suas aspirações, sonhos e desejos, e encontrar sua felicidade. O mundo é bom e deve ser aproveitado, mas também é competitivo, difícil e mesmo perigoso. Para enfrentar as situações, o fiel do candomblé conta com a força e a proteção de seu orixá, a orientação de seu pai de santo e o apoio de seus irmãos de terreiro. O modo como ele interage com os demais com que partilha o mundo não-religioso para atingir seus objetivos não é preocupação do candomblé. Afinal, não importa o que você é fora do terreiro, mas sim como você se comporta dentro dele.

No cotidiano do terreiro, quer se trate de obrigações reservadas aos iniciados, da festa pública aberta a todos, ou mesmo da convivência rotineira na manutenção da casa e sua comunidade, as regras de comportamento são estritas e pormenorizadas. Para tudo que se faz existe uma maneira correta, desde a ordem dos cumprimentos ao modo de comer, que não é igual para todos: o agir de cada um espelha e reforça sua posição na escala hierárquica daquele grupo, seu lugar na ordem do poder, seu posto na trajetória iniciática. É a própria sequência iniciática das obrigações sucessivas que determina o lugar de cada um. Ou seja, cada um é o que é como decorrência da passagem pelos ritos. Cada regra de comportamento, que ajuda a compor uma etiqueta complexa e cheia de significados relacionados à distribuição do poder religioso no interior da comunidade de culto, é aprendida passo a passo pelo fiel, por imitação, sob os olhares atentos e nada benevolentes dos "mais velhos".

Nada está escrito, mas está tudo na chamada lei do santo: conjunto de regras não codificado que regula o comportamento nos terreiros e entre os terreiros, suficientemente vagas para permitir uma grande elasticidade na interpretação e aplicação dos costumes em cada terreiro, segundo a orientação de seu chefe, e suficientemente estritas para que cada membro do disperso e diversificado povo de santo reconheça no outro um seu igual.

A construção social e histórica do modelo de concentração e distribuição do poder religioso no candomblé e o consequente desenrolar de situações conflituosas estão no centro da discussão que Armando Vallado desenvolve neste livro. Mostra que várias são as fontes possíveis da relação tensa entre o que a regra prescreve e o que de fato se faz. Armando Vallado examina primeiramente a constituição do candomblé como religião decolada de outras esferas da sociedade e da cultura, isto é, como religião de uma sociedade moderna, diferente, portanto, da religião previamente existente na África; os efeitos da escravidão na transferência transatlântica do culto e as necessidades de adaptação em um território socialmente inóspito; e as mudanças mais recentes provocadas pelas transformações na sociedade brasileira contemporânea e no quadro atual das religiões, que se enfrentam como alternativas sacrais disputando o que os sociólogos chamam de mercado religioso. Mas não fica preso somente aos aspectos históricos e sociais envolventes e gerais. Parte daí para discutir a organização interna dos terreiros, os papéis sacerdotais e os arranjos hierárquicos. A tudo se junta a mitologia cultivada nos terreiros e reproduzida oralmente, base do saber religioso e fundamento que justifica e dá forma ao poder religioso.

Para tecer os argumentos, os achados da pesquisa empírica, de um lado. De outro, a experiência pessoal do autor como filho de santo e, depois de completada a trajetória iniciática, como pai de santo. Orientando a interpretação, o acadêmico, na trajetória paralela que o levou a se transformar em mestre e doutor em Sociologia. Ser do candomblé lhe dá a experiência vivida como um objeto que quase pode tocar com a ponta dos dedos; estar na universidade lhe dá o espírito crítico, a necessidade do distanciamento e possibilidade de interpretar a instituição e seu dia a dia sem ouvir outra regra que não a da dúvida sistemática que norteia a pesquisa científica. Claro que há momentos de tensão entre o fiel do candomblé e o pesquisador que se investe da neutralidade científica. Mas o que poderia se constituir num vício metodológico da pesquisa revela-se como elemento enriquecedor. Numa espécie de jogo de espelhos que permite ao autor ver-se em papéis aparentemente contraditórios — como sujeito e objeto da pesquisa —, Armando Vallado pôde fazer uma avaliação crítica da religião que ele professa e das condições do sacerdócio que ele exerce a partir das exigências e demandas da sociedade em que ele vive.

A maneira de examinar o candomblé apresentada neste livro é totalmente inédita. Armando Vallado mostra o que está escondido e o que está à vista de todos, mas que mesmo o pesquisador experiente muitas vezes procura deixar de ver. Mostra a religião por inteiro, preservando, contudo, seus segredos iniciáticos. Oferece resultados contundentes para que a religião, através de seus seguidores, possa refletir sobre si mesma, fazer sua autocrítica, mudar, se necessário. Oferece uma base sólida e objetiva para uma religião que precisa urgentemente compreender melhor a si mesma para, a partir daí, enfrentar-se em pé de igualdade com religiões concorrentes que se valem, em ataques sem trégua e sem sutilezas movidos contra ela no jogo concorrencial, de imagens estereotipadas extraídas do candomblé e demais religiões de origem africana pelo olhar deformador do preconceito.

Lei do santo: poder e conflito no candomblé chega em boa hora. Seja bem-vindo.

Reginaldo Prandi
São Paulo, inverno de 2008

A lei do santo é o conjunto dos preceitos referentes aos orixás e que todos aqueles que fazem parte da religião, e que têm o verdadeiro conhecimento das coisas do orixá, devem respeitar, seguir e elevar. É pelo ensinamento que nos dá que cada um sabe como se comportar no terreiro e fora dele. A lei do santo é para ser seguida com responsabilidade, fé e humildade, cada um se lembrando que todos precisam de todos, respeitando-se sempre a autoridade e a hierarquia, afastando a ânsia de querer saber e ser mais que o outro que lhe é superior. Acima de tudo e de todos está sempre o orixá. A lei do santo orienta, diz o que se pode e o que se deve fazer e também mostra a punição. A lei não é escrita, ela está no costume, na consciência e no coração de todos que partilham desse universo que chamamos o povo de santo e que fazem parte das casas de tradição. Quebrar a lei do santo é ofender gravemente o orixá.

Oluô Professor Agenor Miranda Rocha
(Entrevistado em sua residência no Rio de Janeiro,
em 1º de fevereiro de 2001)

INTRODUÇÃO

No candomblé e em outras religiões afro-brasileiras, tudo que se faz se justifica pela chamada lei do santo. Essa lei não está escrita em nenhum livro, pois o candomblé não conta com escrituras sagradas, nem faz parte de nenhum corpo normativo sistematizado e único, podendo variar nas distintas nações de candomblé, de terreiro para terreiro, de situação para situação. Para nortear e justificar suas ações, comportamentos e práticas rituais, o povo de santo vale-se da lei do santo, que, apesar de seu caráter difuso e variável, está fundamentada em rica e complexa mitologia transmitida pela oralidade de geração a geração.

O candomblé é uma religião de segredos e de muitos rituais, o que pressupõe longo e paciente aprendizado por parte daqueles que se tornam seus adeptos. Incorporar as regras de comportamento, com sua sutil etiqueta, leva tempo para o adepto que está chegando à religião, e só se faz possível por meio de intenso convívio no grupo de culto. De fato, nos terreiros de candomblé há uma interação dos devotos que nenhuma religião não-afro-brasileira conhece, estabelecendo-se um padrão de sociabilidade *sui generis*. O candomblé é uma religião de convivência.

O candomblé é sobretudo uma religião em que o saber e o poder da mãe ou pai de santo não são suplantados por nenhuma outra instância da religião — a não ser pelo orixá, que é representado de fato no terreiro pelo próprio sacerdote-chefe. Na convivência cotidiana, os conflitos surgem e são de toda ordem, cabendo à autoridade suprema do terreiro solucioná-los para evitar a dissolução do grupo. Por não se ter um código único que penalize os faltantes ou que resolva contendas, os adeptos do candomblé vivem à mercê da autoridade e do poder dos pais de santo.

Este estudo propõe-se a pesquisar o cotidiano dos terreiros, com ênfase no conflito como dimensão da convivência, procurando mostrar como operam e se constroem as estratégias que norteiam a resolução desses conflitos.

Se por um lado o conflito nos terreiros é persistente, por outro existe o poder de mando que o sacerdote supremo do grupo de culto detém para gerenciar civil e religiosamente o templo. Ele deve ser portador de qualidades de liderança o suficiente para minimizar e frear conflitos e riscos de rupturas, propiciando o equilíbrio espiritual e emocional de seu grupo de adeptos.

O presente estudo divide-se em sete capítulos. No primeiro procurei desenvolver a ideia de que o poder é absoluto e está nas mãos do dirigente do terreiro, mas que este governa o terreiro apoiado por uma hierarquia de cargos culturalmente reproduzida, até onde isso foi possível, a partir da religião tal como era praticada em alguns templos e cidades da África. Nessa reprodução, o que se tem são modelos bastante complexos de cargos e funções que assumem no candomblé características próprias. A estruturação da hierarquia pode corresponder a ideais muito pessoais de poder do sacerdote-chefe, sendo ainda um elemento que justifica a ligação, cultural e idílica, do terreiro brasileiro com a matriz africana. Mas seja esta ou aquela a hierarquia de um terreiro, a última palavra é sempre a da mãe de santo, ou de seu orixá através de sua boca.

Nessa tentativa de resgate das antigas tradições hierárquicas, os pais de santo, na verdade, pouco podem levar em conta, a não ser legitimar a si e ao terreiro que dirigem e proclamar sua ascendência africana, chegando a africanizar seus terreiros, o que significa transpor ritos, mitos e outros elementos de culto da matriz africana para seu terreiro brasileiro.

Utilizando-me da estrutura hierárquica da corte de Oió, que serviu de modelo para os primeiros e ainda tradicionais terreiros baianos da nação queto — Casa Branca do Engenho Velho, Gantois e Axé Opô Afonjá —, procuro mostrar quais foram os títulos reproduzidos nos nossos terreiros de candomblé, bem como apontar para o jogo de poder que esses títulos conferem aos seus ocupantes. Tal jogo gera conflito, que entra em cena a cada escolha de ocupantes de cargo, escolha que depende evidentemente das intenções do sacerdote-chefe, as quais não se limitam a objetivos de natureza estritamente religiosa. Mesmo sendo o orixá o portador dessas escolhas, no limite é o pai de santo quem irá gerenciá-las e delas tirar proveito segundo algum interesse mais pessoal.

É importante lembrar que até hoje os terreiros dão ênfase à pureza de sua ascendência africana, e o fazem apoiando-se em fatos, pessoas ou situações capazes de remeter a alguma origem ou raiz na África, real ou ilusória. Hoje, para participar da religião dos orixás, pouco importa ser negro, branco ou de qualquer origem racial; basta querer ser do candomblé, pois nos deparamos diariamente com um mercado plural de religiões com muitas possibilidades de escolha. Na história brasileira ficou a informação de que, para que fôssemos brasileiros, teríamos que ser católicos. Hoje, podemos ser católicos, evangélicos, espíritas e também ser do santo, como se diz. Fruto da diáspora africana, o culto aos orixás em nossa terra é genuinamente brasileiro. Sua constituição entre nós reorganizou os patronatos das divindades e reinterpretou a religião na nova terra, assim como a estrutura do poder.

Se assim é, ser do candomblé é também estar estruturalmente localizado em algum ponto da sua hierarquia e, quanto mais elevado o cargo, maior o poder e o prestígio que o ocupante supostamente detém. Mas não são todos no terreiro que são brindados com a honraria dos cargos, e disputas acirradas ocorrem.

No segundo capítulo, trato de estabelecer quais são as regras, evidenciadas pela lei do santo, que dispõem sobre os papéis sacerdotais — entre os quais os de rodantes, que entram em transe, e os de não-rodantes, que não entram em transe — que cada adepto desempenha no terreiro. De um lado esses papéis traduzem o poder atribuído a seu ocupante e, de outro, evidenciam o reconhecimento e até mesmo as preferências que o sacerdote-chefe dá ao dono do cargo. No entanto, mesmo com diferenças, há uma questão a ser lembrada: tudo o que se faz e se prega no terreiro é determinado pelo orixá, e nem mesmo seu mandatário escapa às suas disposições. Se burlar as regras determinadas pelos orixás, poderá ser punido por sua falta.

As relações de poder no terreiro tornam-se mais complexas à medida que a rede de informações atua com mais vigor. A informação no candomblé, traduzida pelo fuxico, pelo disse que disse, é mecanismo decisivo de controle social, podendo atenuar ou criar diferenças e desavenças ainda maiores entre o povo de santo, bem como atenuar e anular o conflito.

No candomblé ninguém está livre de ser escolhido para desempenhar um papel de destaque no terreiro, e, quando alguém é escolhido, muito se espera de sua conduta e de seu desempenho. Nada mais natural, nas conversas e nos fuxicos que tanto embalam o cotidiano dos terreiros, do que estar constantemente sendo lembrado dos deveres. Não existe um padrão de escolha para ocupantes de cargos de relevância, uma vez que é o orixá que escolhe, embora o pai de santo possa influenciar sobremaneira a escolha. Se é o orixá quem faz a escolha, é o pai de santo, na maioria das vezes, que tem que resolver o conflito que daí pode derivar. Convém lembrar que, apesar de alguns estudos divergirem quanto à interpretação, no candomblé há espaço para as diferentes categorias de gênero, contemplando — o que não ocorre nas religiões fora do campo afro-brasileiro — homens e mulheres com diferentes opções sexuais. Aliás, no terreiro de candomblé é sempre importante conhecer e afirmar a opção sexual de cada um.

Para melhor ilustrar, esse capítulo apresenta duas situações através das quais procuro mostrar o quão sutis são, nos terreiros de candomblé, as relações entre comando e comandados. Mostro que cada mandatário dispõe também de regras próprias, independentes daquelas que a lei do santo estabelece no universo do candomblé.

Ao lado das relações humanas no terreiro, são igualmente importantes as questões relativas à transmissão do conhecimento religioso. O candomblé é uma religião do rito, da transmissão oral e da memória, pois é herança de sociedades africanas, ágrafas, e muito já se perdeu, pois os antigos sacerdotes, falecidos, levaram consigo muito do que sabiam; e outros, que estão vivos, preferem não ensinar o que aprenderam. É o que se diz. Esse tipo de coisa também gera conflito e muitas cisões: afinal, o mercado religioso é farto e a tradição já é em parte acessível numa produção literária crescente e informativa, embora a escrita não substitua a oralidade.

No terceiro capítulo, procuro mostrar como a convivência cotidiana no terreiro implica aprendizado, renúncia, disposição, obstinação etc., tudo em nome da fé nos orixás, visando, segundo meus interlocutores, o equilíbrio mental e espiritual. No entanto, isso tudo dá muito trabalho e requer muita paciência. Numa etnografia tão minuciosa quanto me foi possível, relato a trajetória de uma mãe de santo que, desde sua iniciação no candomblé até a constituição de seu próprio terreiro, experimentou o fato de ter sua vida secular interpenetrada pela vida religiosa, num emaranhado de conflitos, em que o mais importante era levar adiante a sua fé no orixá e o seu desejo de poder, mesmo que isso estivesse subjacente à primeira ideia.

Se viver o cotidiano num terreiro de candomblé é algo fascinante aos olhos do pesquisador, mesmo sendo ele como eu um pesquisador-participante, é mister fazer valer a ideia de como as relações humanas nos terreiros vão se tornando sutis, delicadas e — por que não — conflituosas. Tudo se potencializa à medida que o terreiro cresce em número de adeptos e até mesmo em instalações físicas. Mas, se o cotidiano é conflituoso, mais difícil será no interregno entre a morte de um pai de santo e a entronização de seu sucessor.

No quarto capítulo, trato da sucessão num terreiro da cidade de São Paulo, e veremos que, conforme o povo de santo diz, quando há sucessão num terreiro, há guerra. Por vezes, nessa transição, nem mesmo a vontade do orixá prevalece, embora sempre se diga que tudo no candomblé se faz em seu nome. As disputas sucessórias são sempre acirradas, e resultam em guerras mágicas, discórdias familiares etc. Quando a posse do imóvel onde se localiza o terreiro é um dos fatores da contenda, prevalecerá o que as leis criadas pelos homens ditaram. Mas mesmo quando a questão da propriedade não é importante, no processo em que se busca obedecer à determinação do orixá patrono do terreiro acerca de quem ocupará o lugar do sacerdote falecido, outros caminhos serão percorridos e outras formas de conflitos também surgirão.

No quinto capítulo, procuro retratar o quão importante e difícil é, para os membros do candomblé, manter vínculo sólido com o terreiro ao qual pertencem. Agora como religião universal, o candomblé também participa do mercado religioso que oferece inúmeras opções de terreiros, sacerdotes, nações etc. Os mais velhos no santo refutam a ideia de se transitar por vários terreiros em busca de conhecimento e filiação, acusando os mais jovens de não terem raízes nem tampouco fé. Isso também é muito discutível, pois várias são as razões que levam alguém a "mudar de axé", expressão que designa esse trânsito.

Apresento nesse capítulo um estudo de caso em que o protagonista mudou de axé sem, no entanto, perder o vínculo com sua proposta principal, que era a de cultuar seu orixá. Para alguns dos meus interlocutores, mudar de axé é romper com a essência da religião dos orixás.

O candomblé é uma religião de muitos tabus, que podem ser traduzidos por interdições que os orixás impõem a seus devotos. Romper com os tabus que o candomblé impõe é sacrilégio.

Uma religião sem pecado, que é o caso do candomblé, é uma religião que não divide o mundo em bem ou mal, mas estabelece interditos que os adeptos devem respeitar. No sexto capítulo, relacionei os principais tabus que os orixás impõem a seus filhos diretos e ao povo de santo em geral, lembrando sempre que cada terreiro é um universo particular, regulado pelo desejo e pelas determinações de seu sacerdote-chefe, supondo-se que ele tenha consultado os orixás para conhecer os tabus e sancionar as penalidades quando da quebra dos interditos.

Além dos tabus dos orixás, no candomblé há os tabus dos odus, que são formas divinatórias associadas à origem, destino e fatos da vida das pessoas. O jogo de búzios é utilizado para tal revelação. Os odus contam, através de suas histórias, como fazer para se viver em harmonia. Como uma alquimia, os odus determinam as interdições que colaborarão para que cada pessoa, ao resguardar sua identidade, que é associada a tabus específicos, possa atingir a felicidade plena.

A quebra dos interditos gera punição. Alguns tabus, quando quebrados, podem provocar o desmantelamento do grupo religioso, pois no candomblé pensa-se sempre na unidade do grupo em torno dos desejos dos orixás.

Vários são os tabus e vários são os conflitos decorrentes de sua quebra. Além dos tabus dos orixás e dos odus, destaco o incesto intragrupal, que talvez seja o que mais consequências nefastas traz ao grupo. Sua quebra corrompe a lei do santo, que é enfática em proibir o incesto, proibição esta que está presente em todas as culturas.

No sétimo e último capítulo, repetindo a ideia de que no candomblé não há uma escritura sagrada, mas sim o cultivo de modelos de comportamento de inspiração mítica, valho-me do livro *Caminhos de odu*, de autoria do Prof. Agenor Miranda Rocha.[1] Decano da religião dos orixás no Brasil, o Prof. Agenor, falecido no ano de 2004 com 96 anos de idade, copiou num caderno, em 1928, os mitos do jogo de búzios ditados por sua mãe de santo, Aninha Obabiyi, fundadora do Ilê Axé Opô Afonjá, em Salvador, Bahia. Há poucos anos o caderno foi publicado em livro.

Foi meu propósito, ao tomar essa obra, o de pensá-la como um registro exemplar do pensamento africano transposto para o candomblé da década de 1920, época em que a religião dos orixás se consolidava na Bahia. Nessa linha de pensamento procuro, ao interpretar alguns desses mitos, encontrar a explicação para a legitimação e orientação de um jeito de viver e agir muito peculiar do povo de santo brasileiro.

Por fim, foi de meu interesse, sem querer endossar códigos de lei ou buscar uma verdade religiosa, entender o que a lei do santo traduz ao povo de santo brasileiro, já que, distante da matriz africana, o culto aos orixás permanece vivo, com transformações, mas extremamente rico em adaptações, que vão desde sua liturgia, passando pelos modelos de agir do povo de santo e indo desembocar nos conflitos que envolvem um estilo de convivência cotidiana de uma religião rica em segredos e mistérios, em que a observação, no aprendizado, é mais valiosa do que a fala.

O trabalho ora apresentado resulta de muitos anos de observação participativa em terreiros de candomblé. Com o desenvolvimento propriamente do trabalho, tratei de completar muitas informações de que dispunha de modo assistemático. Vali-me basicamente de longas entrevistas abertas que realizei com membros do povo de santo, em cujas biografias religiosas o candomblé se enredava com opções que envolveram situações de conflito e necessidade de reacomodação. Filhos, pais e mães de santo foram ouvidos. Muitos e muitos

---

[1] O Professor Agenor Miranda Rocha nasceu em Luanda, Angola, em 1907. Em 1912 foi iniciado no candomblé por Mãe Aninha, fundadora do Ilê Axé Opô Afonjá, em Salvador, Bahia. O Prof. Agenor, como ainda é conhecido pelo povo de santo, completou suas obrigações na lei do santo iniciando-se para Euá, seu segundo orixá, com Cipriano Abedé, em 1928, no Rio de Janeiro. Durante toda a sua vida, dedicada principalmente ao culto aos orixás, o Prof. Agenor conviveu com personalidades do mundo do candomblé, como Martiniano do Bonfim, com quem aprendeu os segredos de Ifá, e Mãe Menininha do Gantois, de quem foi amigo pessoal. Pelo oráculo do jogo de búzios do Prof. Agenor, muitas sucessões foram resolvidas, como as da Casa Branca do Engenho Velho, do Gantois e do Opô Afonjá. Em 2004 o Prof. Agenor faleceu no Rio de Janeiro, deixando legado de ensinamentos, através das palavras proferidas com doçura e profundo conhecimento, e pela publicação de livros sobre a religião dos orixás e de poemas, que ele tão bem escrevia.

episódios da vida cotidiana dos terreiros foram reconstituídos, seguindo uma estratégia de pesquisa em que o relato e a observação foram amplamente usados para complementar dados fornecidos pela literatura das ciências sociais.

Vali-me grandemente da observação sistemática, o que minha dupla condição de pesquisador e iniciado na religião dos orixás muito facilitou.

Muitos terreiros de candomblé e de outras denominações afro-brasileiras foram visitados, em São Paulo, Salvador e Rio de Janeiro. Muitas cerimônias foram presenciadas. Não foram poucas as histórias de vida ouvidas e gravadas.

Tomei como conduta o comparecimento a alguma festa no terreiro a ser pesquisado antes da entrevista com seu sacerdote-chefe. Treinado que fui na lida de um terreiro, e sem perder de vista que cada templo tem suas características próprias, procurei sempre tratar cada casa visitada como um novo universo, no qual as regras e modelos que eu já conhecia poderiam não prevalecer.

Apesar de ser esta apenas uma das estratégias de pesquisa, ela foi apreciada por alguns pais de santo que consideram a presença de estudiosos das religiões afro-brasileiras em seus terreiros uma forma de prestígio e legitimação.

A presente investigação trata de questões delicadas, exatamente pelo fato de se estar examinando o limite em que a prática religiosa coletiva se encontra com a vida privada das pessoas. Aliás, as dificuldades da própria vivência no candomblé, que serão mostradas com tantos pormenores quanto me permitiu a etnografia construída, derivam em grande parte dessa mistura que se faz entre religião e intimidade, e que é tão característica do candomblé. São questões delicadas, que o bom-tom às vezes prefere deixar não-explicitadas, porém essenciais na constituição daquilo que é a vida no terreiro. O próprio povo de santo é muito reticente quando se trata de discutir esses assuntos, que nada mais são do que a exposição de uma esfera moral que, em vez de ser tratada objetiva e diretamente pelo povo de santo, tende a ser disfarçada e distorcida na prática da fofoca, tema de que já tratou muito bem o antropólogo e babalorixá baiano Júlio Braga (1998).

Evidentemente, os nomes dos terreiros e das pessoas aos quais me refiro são fictícios. Muitas vezes, o que é apresentado como fato único representa situações muito generalizadas, pois procurei apresentar relatos que sintetizam situações recorrentes.

Embora o trabalho seja de natureza acadêmica, espero que ele contribua para dar início, no âmbito do próprio candomblé, a um debate necessário e de modo geral adiado sobre o cotidiano nem sempre fácil dessa religião, assim como suas dificuldades morais e éticas, e suas perspectivas de futuro e transformação.

CAPÍTULO I

HIERARQUIA

> *O candomblé é uma religião do poder.*
> *Uma religião de intrigas e ódios. Sim.*
>
> (Depoimento de uma ialorixá franco-brasileira ao
> etnopoeta Hubert Fichte)

O candomblé é uma religião ritual, iniciática, de muitos segredos e de lento aprendizado. É, sobretudo, uma religião em que o saber e o poder da mãe ou pai de santo não são suplantados por nenhuma outra instância da religião a não ser o próprio orixá, representado no terreiro, e neste mundo, pelo próprio pai ou mãe de santo, diretamente pelo rito do transe e indiretamente pelo exercício do oráculo do jogo de búzios. Sua palavra é, portanto, definitiva, mas só vale nos limites de seu templo. Em cada um dos demais terreiros que formam o universo do povo de santo, valerá a palavra de seu dirigente. São muitos reis e rainhas, cada qual em sua casa. Como era na África. Lá como aqui, haverá precedências protocolares. Trocando nos termos da equação a cidade africana pelo terreiro brasileiro. O terreiro-mãe tem ascendência sobre o terreiro-filho, mas a autoridade da casa-mãe não interfere jamais no governo da casa-filha. Por isso mesmo, lá como aqui, guerras e conflitos se armam e ao mesmo tempo mantêm viva a teia de obrigações recíprocas.

Esse mandatário pode agir de acordo com seus interesses, intenções e vontade, limitado apenas pela lei do santo — corpo difuso e não completamente compartilhado de regras e preceitos que organiza a prática religiosa dos grupos de culto das religiões dos orixás. Fonte de ordem e igualmente de conflito.

Roger Bastide afirmou que os terreiros de candomblé brasileiros eram herdeiros dos usos e costumes das cidades africanas, "mundos à parte, espécies de ilhas africanas no meio de um oceano de civilização ocidental, e não num continente ou bloco aglutinado" (Bastide, 2001: 69), reproduzindo, portanto, uma pequena África no Brasil. Reginaldo Prandi (1991) lembrou que, apesar de todos os movimentos de preservação da religião africana levados a cabo nas últimas décadas, os terreiros de candomblé deixaram de ser essa pequena África para se tornarem cada vez mais brasileiros e menos africanos. Diz ainda que "o candomblé deixou de ser uma religião exclusiva dos descendentes de escravos africanos — uma pequena África fora da sociedade... para se tornar uma religião para todos" (Prandi, 2001: 57). Conservou, contudo, a velha hierarquia trazida do continente negro, que o movimento de africanização tratou de valorizar e reforçar.

Tornar-se uma religião universal foi uma das transformações sofridas pelo candomblé, sobretudo em sua inserção na região Sudeste. Ao lado disso há o que Prandi chamou de africanização, que consiste em um movimento empreendido por sacerdotes visando a promover a dessincretização do candomblé em relação ao catolicismo e, por outro lado, buscar, nas fontes consideradas originais da tradição do culto aos orixás, velhos ritos e sentidos, empreendendo-se concomitantemente não mais um retorno à Bahia, mas à própria África (Prandi, 1991).

Nesse movimento de retorno às origens africanas, empreende-se uma tentativa de resgate, até onde isso é possível, dos modelos tradicionais inspirados na estrutura das cortes africanas.

Alguns pais de santo buscam esses modelos em várias fontes: com viagens ao continente africano, por meio da leitura de bibliografia especializada disponível no mercado editorial, nas conversas que pautam o relacionamento desses religiosos, e até mesmo chegam a "contratar", mediante pagamento de alto valor monetário, algum africano que por aqui passe e que possa dar informações. No final da década de 1980, uma informante de Hubert Fichte dizia-lhe que "os africanos que vêm ao Brasil são, na maioria, bolsistas com formação europeia. O que dizem é impreciso ou falso" (Fichte, 1987: 75). Ainda que fosse assim, seus ensinamentos valiam ouro e eram comercializados a preço de ouro. Hoje, não disponho de dados concretos para fazer juízo dessas afirmações; o que sei é que já são muitos os sacerdotes africanos fixados no Brasil e estabelecidos com seus templos e negócios.

Devemos observar que esses modelos são viáveis para a organização dos terreiros. Portanto, mesmo reinterpretando esses conhecimentos, os pais de santo esperam aproximar-se ao máximo daquilo que, historicamente e apesar da diáspora, os negros escravizados vivenciaram. Ou, como afirmou Muniz Sodré, os "negros refaziam em terra brasileira uma realidade fragmentada" e, portanto, a criação do espaço terreiro implicou desde logo a "autofundação de um grupo em diáspora" (Muniz Sodré, 1988: 70).

Nesse encontro e desencontro de conhecimentos, o que os sacerdotes recuperam é uma parcela pequena, mas importante, da fonte africana, seja em que sentido for, pois ela mesma foi ao longo do tempo transformada pela modernidade. Vemos nessa busca a reposição do encantamento pelas coisas africanas traduzidas aqui como objeto de experiências religiosas.

A corte africana

No século XIX, nascido da iniciativa de negros iorubás que se reuniam na irmandade religiosa na igreja da Barroquinha, em Salvador, fundou-se o primeiro templo iorubá baiano, chamado de Ilè Iyá Omi A<u>s</u>é Airá Intilè,[2] dedicado a Xangô, tendo à frente as sacerdotisas africanas Iyalussô Danadana e Iyanassô Oyó Akala Magbo Olodumaré A<u>s</u>é Da Ade Ta. Com o falecimento da primeira, o terreiro passou a ser conhecido como Ilè A<u>s</u>é Iyá Nassò Oká, ou, como ainda hoje o chamam, Casa Branca do Engenho Velho, alusão ao bairro do Engenho Velho, onde está localizado.[3]

Nesse terreiro, os ritos, que em grande parte reproduziam a prática ritualística de Oió, cidade nigeriana donde se supõe que suas fundadoras eram procedentes,[4] acabaram por moldar a religião que viria a se constituir no candomblé, e cuja estruturação hierárquica sacerdotal reconstituía simbolicamente a organização da corte de Oió, isto é, a corte de Xangô, que teria sido seu quarto rei, como veremos mais adiante. Emblemas que, na África, eram exclusivos do culto a Xangô foram generalizados para o culto de todos os orixás, como o uso do colar ritual de iniciação chamado *quelê*, por exemplo.

Por estranha ironia, a nação de Xangô na Bahia acabou recebendo o nome de Queto, que é a cidade de Oxóssi, e não o nome de Oió, cidade de Xangô, como era de se esperar. Mas esta denominação deve ter ocorrido muito tempo depois da fundação da Casa Branca do Engenho Velho, o primeiro terreiro de Xangô, que serviu de modelo a todo o candomblé. A denominação *nação queto* deve ter sido dada já no século XX, quando angariavam grande prestígio

---

[2] No presente texto, as palavras iorubás são grafadas de acordo com o sistema gráfico tonal atualmente em uso para essa língua. As vogais <u>a</u>, <u>e</u>, <u>o</u> são abertas. Ausência de sinal indica vogal fechada. A letra <u>s</u> soa como *x* em orixá. Cada sílaba tem tom alto, médio ou baixo, indicado graficamente por acento na vogal: (`) para tom baixo, (´) para tom alto. Sílaba sem esses sinais tem tom médio (Verger, 1995).

[3] A história do candomblé em seus primórdios está longe de ser inteiramente esclarecida. Elementos novos e hipóteses promissoras têm resultado de novas pesquisas, como as de Renato da Silveira (2006) e Luís Nicolau Parés (2006).

[4] Sobre este assunto ver *Agadá: dinâmica da civilização africano-brasileira*, de Marco Aurélio Luz, 2000.

e visibilidade dois terreiros que também fazem parte do núcleo de templos fundadores do candomblé: o terreiro do Gantois, dissidente da Casa Branca, e dedicado a Oxóssi, e o terreiro do Alaketu, cuja fundação é atribuída a duas princesas originárias da cidade de Queto, e que também eram do grupo da Barroquinha.

A expressão "nação queto", para designar o ramo do candomblé de origem iorubá que se constituiu a partir da linhagem da Casa Branca do Engenho Velho, é recente e não era usada antes de 1950. O nome mais comum era nação nagô, ou jeje-nagô. A própria Mãe Aninha, que fundou outro templo dissidente da Casa Branca, o Axé Opô Afonjá, que, como o próprio nome indica, também é dedicado a Xangô, costumava dizer nos anos 1930: "Minha casa é nagô puro."

A importância de Xangô na constituição do candomblé — que é genuinamente brasileiro — pode ser identificada também quando examinamos as estruturas hierárquicas e a organização dos papéis sacerdotais do candomblé em comparação com o ordenamento dos cargos da corte de Oió, cidade de Xangô. Não há dúvida de que as sacerdotisas e os sacerdotes que fundaram os primeiros templos de orixá no Brasil tinham grande intimidade com as estruturas de poder que governavam a cidade do *alafim* (senhor do palácio). O candomblé é, de fato, uma espécie de memória em miniatura da cidade africana que o escravo perdeu ao ser arrancado de seu solo para ser escravizado no Brasil.

Para entendermos melhor a estrutura palaciana de Oió, convém recordar os costumes que precedem à ascensão do alafim, o rei, até a nomeação dos membros de sua corte.

Ao falecer o alafim reinante, deverá suceder-lhe um dos membros das três famílias reais do reino. Esses membros são chamados distintamente de Ònọ́n-isokùn, Ònòn-àká, Ònòn-olá.

Abraham (1981) relata que, historicamente, os reis em Oió eram levados ao suicídio, caso não conseguissem cumprir corretamente os propósitos que lhes eram atribuídos, em tempo de guerra ou de paz. O autor conta, ainda, que ali o baxorum (*basorun*), o primeiro-ministro da corte, líder de todos os conselheiros do Estado e uma espécie de regente entre a morte do rei e a ascensão do sucessor, podia a qualquer tempo enviar presentes ao alafim tirânico, significando uma ordem clara, a que ele deveria sempre obedecer: mate-se. Estes presentes podiam consistir em "uma cabaça oca ou um ovo de periquito esvaziado por meio de um furinho" (Costa e Silva, 2002: 528).

Felizmente, entre nós, ninguém tem o poder de decretar a morte de ninguém. Apelam, às vezes, à morte ritual pelo feitiço.

Rei morto, os conselheiros dos estados do reino se reuniam para a escolha de seu sucessor. O baxorum paramentava-se para essa ocasião com suas insígnias que mostravam seu poder, dirigindo os sacrifícios aos deuses na casa de *Ònòn-isokùn*, estando presentes todos os três pretendentes ao trono. Ao final dos sacrifícios, o baxorum presidia ao jogo de *obi* (noz de cola) para verificar se o sacrifício fora aceito pelas divindades, perguntando também quem seria o novo alafim.

Alguns homens presentes nesse momento tocavam a testa do novo alafim com o alguidar contendo o sacrifício, sinal de sua escolha para ocupar o trono. Nessa noite, o novo alafim dormia nesse local e, na seguinte, ele iria para a casa de *Òtun-ìwèfà* (sacerdote de Xangô), onde o coração do seu predecessor era comido por ele.

Durante esse tempo, o alafim levava um barrete dourado na cabeça e trajava-se de luto, vestindo as roupas na cor preta.

A coroação ocorria na terceira lua nova após a morte do último alafim. Esse dia era chamado de "visita do rei a bàrà". *Bará* é o mausoléu real onde o rei seria coroado e onde, futuramente, seria sepultado. Nesse mesmo local, além de ser coroado, o alafim receberia autorização dos antepassados para reinar, porque são eles, os antepassados, que, em última instância, legitimam o alafim. E reinaria até a sua morte ou até um momento de grande crise, catástrofe ou desastre para o seu povo, quando a origem desses males poderia ser a ele atribuída e quando, portanto, seria condenado ao suicídio. Prática muito comum nas cortes africanas tradicionais.

Depois de coroado, o novo rei levaria o corpo de seu antecessor para ser enterrado no mausoléu. A coroação oficial seria em Kossô, no trono que pertenceu a Xangô.

Cinco dias depois da coroação, o alafim iria a Ifé, onde está depositada a espada da justiça (*idà òròn yon*), para fazer o juramento, refazendo assim a trajetória dos antigos mandatários de Oió. Daí a mais cinco dias, ele iria ao local onde o orixá Ogum é cultuado, sacrificando-lhe uma vaca, um cachorro e um carneiro. Depois disso ele entraria no palácio de Oió, oficialmente como rei, onde seria também entronizado.

Por este relato julga-se que o alafim teria um relativo poder, pois não poderia jamais cometer um erro que viesse causar, na opinião dos conselheiros estaduais, qualquer descontentamento no seu reino. Até hoje, nos sucedâneos brasileiros da corte do alafim, o terreiro de candomblé no Brasil, o supremo dirigente é acusado por seus seguidores pelos males que lhes ocorrem.

Ainda segundo Abraham, a corte oficial de Oió era composta por altos funcionários masculinos e femininos. Dentre esses cargos, muitos vieram a se reproduzir no Brasil como cargos sacerdotais do candomblé.[5]

Títulos masculinos

BAXORUM (*Basorun*) — primeiro-ministro e presidente do conselho real (tinha mais poder que o próprio rei), exercendo também a função de regente entre a morte do rei e a ascensão de seu sucessor. No candomblé é título dado a homem que ajuda na administração do terreiro, um dos membros do corpo de ministros em terreiros dedicados a Xangô.

BALOGUM (*Balògún*) — chefe militar. No candomblé, cargo masculino de chefia da casa de Ogum. O decano da nação queto, o oluô Agenor Miranda Rocha, foi, durante mais de setenta anos, o balogum da Casa Branca do Engenho Velho.

ÀGBÀÀKIN — chefe da família dos adoradores de Oraniã, fundador de Oió.

ALAPINI (*Aláàpínní*) — chefe do culto de egungum. No Brasil, igualmente alto sacerdote do culto dos ancestrais.

LAGUNÃ (*Lágùnnòn* ou *Lagunà*) — embaixador do rei e que tinha como encargo o culto ao orixá Ocô, divindade da agricultura. No candomblé, espécie de ajudante do pai de santo na provisão do terreiro.

AQUINICU (*Akinikú*) — chefe dos rituais fúnebres. No Brasil, oficial do *axexê*,[6] que pode ser um babalorixá ou ialorixá, ou algum *ebômi*[7] ou *ogã*[8] especializados nos ritos mortuários.

ASSIPÁ (*Asípa*) — representa os governadores das aldeias e era o encarregado do culto ao orixá Ogum. No Brasil, dignidade masculina.

ÒNA-OLOKÚN-ESIN — cuida do cavalo do rei; a morte do equino representa a morte do criador.

ONSÉ-AWÒ — secretário executivo do reino.

TÈTÚ — corpo de delegados executores das ordens reais. Costa e Silva (2002) chamou os tetus de *carrascos reais*.

---

[5] Muitos desses cargos foram descritos por Vivaldo da Costa Lima (1977).

[6] "Axexê é o rito funerário no qual o egum da pessoa é despachado, assim como aqueles assentamentos dos seus orixás que não ficarão como herança para outros membros da casa" (Prandi, 1991: 244).

[7] Ebômi é um título de senioridade nos terreiros de candomblé, destinado a pessoas que já passaram pela obrigação de sete anos de iniciação.

[8] Ogã é uma categoria composta por homens que não entram em transe, com funções específicas no terreiro como: axogum (sacrificador dos animais), alabê (tocador dos tambores), pejigã (zelador dos pejis) e outros encargos (Vallado, 2002: 61).

IṢUGBIN — corpo de tocadores e musicistas do palácio. No candomblé são chamados *alabês*, nome que na África era dado aos escarificadores, os que faziam os *aberês* (*gberes*), as marcas faciais.

AROKIN — corpo de contadores de histórias.

ÌLÀRÍ — guardas da corte. Depois da iniciação mantinham a cabeça raspada, possuindo incisões profundas no alto do crânio. Adoradores de Oxóssi e Ossaim, eram também uma espécie de mensageiros reais. No candomblé, sacerdotes que cuidam da casa de Ossaim, os *olossains*.

ÌWỌ̀FÀ (ou *Ìwẹ̀fà*) — eram três eunucos: "o otun ìwẹ̀fà, que tinha a seu cargo o culto a Xangô e o seu santuário em Kossô, o osi ìwẹ̀fà, que respondia pelas finanças reais, e o òna ìwẹ̀fà, que substituía o rei como juiz" (Costa e Silva, 2002: 528).

Títulos femininos

ÌYÁ OBÁ — mãe oficial do rei ou mulher apontada para substituir sua mãe.

IANASSÔ (*Ìyá-nàsó*) — mãe do culto do Xangô do rei (divindade pessoal). No Brasil, nome de uma das fundadoras do candomblé e título feminino.

IAMONLÉ (*Ìyáalémọnlé*) — mãe do culto de Ifá, cuida do assentamento do orixá pessoal do rei. Nos terreiros, é quem cuida do assentamento principal do orixá do pai de santo.

ÌYÁ-MÒN-NÀRÍ — assistente da Ianassô. Mata os devotos que estão em falta com o orixá, mas não pode ser morta pela mesma causa.

IALORI (*Ìyá-lé-Òrí*) — mãe dos ritos de oferecimento à cabeça do rei, mantém a representação material da cabeça do rei em sua casa. No candomblé preside o *bori* (ritual de oferecimento de comida à cabeça).

ÌYÁ MONDÈ — mãe das celibatárias, mantendo-se assim também. Cultua os espíritos dos reis mortos, chamando-os de *egungum*, cultuando-os num quarto forrado por panos brancos. Chamam-na também de *Bàbá*. O alafim dirige-se a ela chamando-a de "pai". Curiosamente, babá é título dado na umbanda à dirigente feminina. Talvez uma reminiscência da babá africana.

IALEABÔ (*Ìyá-le-agbò*) — prepara os banhos rituais do rei. No candomblé, mulher que cuida dos potes de *amaci* (banho de ervas).

IAQUEQUERÊ (*Iyákèkèré*) — mãe (oficial) das mulheres ilaris; é ela quem coroa o rei no ato de sua entronização. Mantém-se celibatária. A atribuição, mantida, é hoje no candomblé da competência de pais e mães de santo, que colocam no trono o novo chefe do terreiro nas ocasiões de sucessão.

ÌYÁÀÀFIN-IKÚ — assistente da Ianassô. Ela é a responsável pelo sacrifício do carneiro a Xangô. O animal não deve ser molestado para ser sacrificado. Depois de morto deve ser comido em qualquer lugar e por todos do palácio.

EQUEDE (*Èkejì òrìṣà*) — literalmente, a segunda pessoa do orixá, cargo sacerdotal da corte do alafim, sacerdotisa que não incorpora os orixás, mas que cuida de seus objetos sagrados. No candomblé, equede é toda mulher não--rodante confirmada para cuidar do orixá em transe e de seus pertences rituais. O cargo, de grande importância na África, deu às equedes posição de relevo no candomblé, onde têm grau de senioridade.

Repetindo o modelo da corte africana, os terreiros de candomblé brasileiros tentam reproduzir o sistema monárquico em que os títulos são formas de prestígio para quem os recebe. Também pode acontecer o inverso: o pai de santo e seu terreiro é que são contemplados com a escolha de alguém que tenha algum prestígio na sociedade abrangente. Pude observar que, quando esta regra é aplicada, é o escolhido quem dá prestígio ao cargo recebido, e não seu inverso. Portador do poder de escolha, o mandatário tem em vista certamente a obtenção de favores especiais dos escolhidos, como definiu um dos meus informantes.

Donald Pierson, reconhecendo as formas de prestígio dos pais de santo, considerou alguns itens como "o número de anos que é membro do culto, o conhecimento profundo do ritual e, especialmente, a pureza da ascendência africana" (Pierson, 1942: 16). O último quesito pôde registrar o quão importante era ser afro-descendente. Sobre este aspecto, Roger Bastide relata um fato ocorrido num terreiro do Recife, na década de 1940, em que o sacerdote-chefe, julgando-se o único africano verdadeiro da cidade, não permitiu que seu filho de sangue fosse iniciado em outro terreiro, pois não dava legitimidade a eles (Bastide, 2001: 224). Com certeza esse pai de santo baseou sua resolução naquilo que ousei chamar de princípio do pertencimento africano, ou seja, julgar-se puro enquanto depositário não só da tradição religiosa africana, como também da afro-descendência. Hoje, com tantos brancos no candomblé, sangue africano certamente importa menos que outros requisitos.

Logo que empossada e considerada ainda uma "criança" para comandar um terreiro, também a famosa mãe de santo baiana Menininha do Gantois sofreu discriminações, conforme nos relata pai Agenor, no livro que leva seu nome. Conta-nos que foi mãe Aninha (Ana Eugênia dos Santos, 1869-1938), célebre mãe de santo do Axé Opô Afonjá, quem ajudou Menininha a resolver os conflitos sucessórios que partiam das filhas revoltadas da falecida Pulquéria, a quem sucedeu, para que ela não assumisse o cargo (Rebouças Filho, 1998).

O quadro tratado por Pierson e as afirmações de Bastide têm ainda sua importância, embora tenham deixado de ser, mesmo com a contestação de religiosos mais antigos, um requisito na constituição dos terreiros de candomblé nos tempos de hoje, o que bem demonstrou Prandi (1991).

Com o sentido de reforçar a ideia do terreiro de candomblé como sucedâneo da África distante, para legitimar suas estruturas de mando e valorizar sua origem, cargos de tradição africana são recuperados e adaptados com certa liberdade pelos dirigentes brasileiros. Assim surgiram os *obás* ou *mogbás* de Xangô, conselho de 12 ministros do culto de Xangô, instituído inicialmente no terreiro Axé Opô Afonjá na década de 1930 por sua fundadora, Mãe Aninha Obabiyí, assessorada pelo babalaô Martiniano Eliseu do Bonfim,[9] e depois reinstalado nos mais diferentes terreiros que têm Xangô como patrono. Os obás brasileiros de Xangô têm funções diversas daquelas africanas, mas os nomes dos cargos são referência constante à vida político-administrativa dos antigos obás africanos. Eles são divididos em ministros da direita, com direito a voto, e ministros da esquerda, sem direito a voto. Cada um deles conta com dois substitutos, o *otum* e o *ossi*.

O conjunto dos obás da direita criados por mãe Aninha é constituído dos seguintes cargos, cada um deles com uma referência ritual que no Brasil pode ter perdido completamente o sentido: *Abíódún* (nome que designava aquele nascido no dia da festa), *Àrẹ* (título que se dava a uma pessoa proeminente da corte), *Àrólu* (o eleito da cidade), *Tèla* (nome masculino da realeza de Oió), *Odofun* (cargo da sociedade secreta Ogboni, que não se reproduziu no Brasil) e *Kakanfò* (título do general do exército). Os da esquerda são: *Onansòkun* (pai oficial do obá em Oió), *Arẹssá* (título do obá da cidade de Aresá), *Eleryin* (título do obá de Erin), *Oni Koyí* (título do obá de Ikoyi), *Olugbòn* (título do obá de Igbon) e *Sòrun* (chefe do conselho do rei de Oió). Estes nomes designam hoje postos sacerdotais, dignidades religiosas; na África designavam cargos de homens poderosos que controlavam a sociedade iorubá e suas cidades.

Mãe Aninha foi sucedida por mãe Senhora, que, segundo informações de campo, foi uma mulher astuta e que pensava firmemente no prestígio do terreiro que assumira. Paulatinamente, valendo-se de sua autoridade, a mãe de santo foi substituindo os ocupantes dos cargos de obá (após a morte deles) por personalidades do mundo acadêmico, político e artístico. Essa atitude foi seguida por suas sucessoras.

São muitos os cargos de prestígio nos terreiros de candomblé. Muitos são meramente honoríficos. Nomes que compuseram ou compõem o corpo dos obás de Xangô do Opô Afonjá são o artista plástico Carybé, o escritor Jorge

---

[9] Sobre a origem da formação do corpo de obás de Xangô ver a comunicação do babalaô Martiniano do Bonfim em Carneiro, 1940.

Amado, o embaixador e romancista Antonio Olynto, o antropólogo Vivaldo da Costa Lima e o cantor e compositor Gilberto Gil — para citar alguns dos eminentes membros.

Cargo dá prestígio, é a regra geral. Os membros do terreiro, não brindados com tal honorabilidade, que são a maioria, poderiam se conformar com o fato de que, como observou Bastide, "a hierarquia do candomblé é mais uma hierarquia de obrigações do que de direitos" (Bastide, 2001: 229).

CAPÍTULO II

PAPÉIS

Uma regra de ouro da lei do santo diz que, no candomblé, cada um precisa conhecer o seu lugar, que é mapeado pelo tempo de iniciação e pelo cargo que ocupa. Mas outros atributos também são indispensáveis para as boas relações entre as pessoas: o grau de intimidade de cada um com a mãe de santo, a disponibilidade para o trabalho no terreiro, as relações de parentesco de sangue, afetos, amores, paixões, inimizades, ódios etc. Em conferência na Pontifícia Universidade Católica de São Paulo, no ano de 2001, um ilustre antropólogo baiano explicou que estar nas boas graças da mãe de santo, ou na sua cama, pode ser decisivo para tornar o cargo de um filho ou filha de santo realmente efetivo. Cair em desgraça afetivamente também pode tornar o poder de um cargo hierárquico completamente sem efeito e sem poder.

Entre a corte africana e o terreiro brasileiro há um longo caminho de adaptações e interpretações. É preciso conhecer este percurso de perto para se entender como opera o poder no terreiro.

Na reinterpretação e implantação do *modus vivendi* das cortes africanas nos terreiros de candomblé brasileiros, o ingrediente primordial é a teia de relações que se estabelece em torno do ocupante de um cargo e a importância que esse poder lhe confere. Ora, bem já se disse que é o sacerdote-chefe do terreiro quem aí "manda" verdadeiramente. Não há como penalizá-lo, pois, como bem lembrou Vivaldo da Costa Lima, "o único capaz de puni-lo é o próprio orixá" (Costa Lima: 1977: 161).

Costa Lima conta que Procópio do Ogunjá, famoso pai de santo baiano, negando-se a ser solidário com um filho de santo, criou um conflito não raro no candomblé: entre o orixá e o pai de santo. O pai infringiu um dos princípios básicos da lei do santo: "o da solidariedade e da ajuda mútua dentro do grupo", negando-se, entre outras coisas, a oferecer alimento ao filho de santo que passava dificuldades de toda monta. O orixá do faltoso pai de santo impôs-lhe a pena de fazer uma grande feijoada e oferecê-la aos seus filhos de santo, especialmente àquele que fora buscar ajuda (Costa Lima, 1977: 161).

Cabe lembrar que o alimento é fator considerado sagrado para o povo de santo, que sempre encerra seus rituais religiosos com a distribuição de comida e bebida.

Pode ser tensa a relação entre orixá e pai de santo, mas essa tensão permanece subterrânea, pois está em jogo o poder do sacerdote sobre seus filhos de santo, e nenhum chefe de terreiro quer que transpareça que também poderá ser julgado e penalizado pelas divindades por suas fraquezas e por suas faltas, devendo consequentemente obediência a alguma força superior, nesse caso, o orixá.

No candomblé, o desejo do poder pode ser acalentado, mas o seu exercício será sempre suscetível a julgamentos divinos, cujo intérprete é sempre o pai de santo. Como interpretou Pierre Clastres, "o desejo de poder só encontra sua realização se consegue suscitar o eco favorável de seu necessário complemento, o desejo de submissão" (Clastres, 1999: 117). Uma submissão dupla: o pai de santo submete-se à vontade divina e seus seguidores à sua. No entanto, a submissão, para os últimos, ocorre em duplicidade: submetem-se às ordens do orixá e de seu representante maior no templo, que é o pai de santo.

Por isso mesmo, são sempre muito tensas as relações sociais no terreiro, pois se refletem no poder que o pai de santo destina a cada uma das pessoas que ali congrega. Não existe igualdade nesse local. O candomblé é o lugar da diferença e da hierarquia e, conforme Clastres escreveu, "para que haja liberdade e fraternidade entre os homens é preciso que se impeça a desigualdade" (Clastres, 1999: 114).

As relações de poder em um terreiro se complicam à medida que sua estrutura de mando é mapeada por categorias e classes de papéis sociais e sacerdotais, e o que conta não é aquilo que a pessoa faz, mas o cargo para o qual foi escolhida e o modelo esperado de seu comportamento.

Um exemplo disso é encontrado na categoria dos *ogãs*, homens que são escolhidos pelos orixás, ou mesmo por decisão pessoal do sacerdote-chefe, para desempenhar funções específicas no terreiro, como o *axogum*, que é o sacrificador dos animais em favor das divindades; o *alabê*, que é o tocador dos tambores sagrados que chamam as divindades a dançar no terreiro; ou ainda o *pejigã*, que cuida do *peji* (quarto-santuário) onde os orixás têm suas representações sagradas assentadas.

Vamos desenvolver melhor o exemplo dos ogãs para percebermos como os cargos honoríficos estão referidos a categorias classificatórias que são muito importantes na vida dos terreiros. Uma delas é a opção sexual, que parece pré-selecionar o filho ou a filha de santo para essa ou aquela função sacerdotal.

O antropólogo e babalorixá Júlio Braga, em seu livro *Cadeira de ogã*, descreve pormenorizadamente a figura do ogã nos candomblés da Bahia. Citando um de seus informantes, o autor escreve: "dá-se o nome de ogã a uma pessoa que se submete a grandes obrigações internas de um axé, para se confirmar a um determinado orixá. A este, os portadores do santo tomam como Pai, tendo ele autoridade sobre o santo e muito mais ao filho do tal orixá. Tem a obrigação de zelar pelo orixá ao qual foi confirmado, especialmente nas suas obrigações" (Braga, 1999: 60).

Neste texto de grande riqueza etnográfica, Braga enfatiza a importância religiosa que o ogã desempenha nos terreiros e não só a visão como "protetor econômico e político" que este passou a desempenhar no imaginário do candomblé.

No entanto, quando alguém é escolhido para ocupar uma dessas funções, imagina-se que a tomará com responsabilidade e, portanto, colaborará para a manutenção da ordem religiosa e social do terreiro. Alguns autores, como Edison Carneiro, sugerem que a função dos ogãs não é simplesmente proteger o terreiro de candomblé das investidas da sociedade envolvente, inclusive a da polícia (o que era corrente no começo do século passado), mas também dar-lhe prestígio e supri-lo com dinheiro (Carneiro, 1978). Isso ainda ocorre. Em geral, os ogãs são escolhidos entre os homens que frequentam os templos sistematicamente e têm considerável poder econômico, embora não seja possível afirmar que ocorra tal fato em todos os terreiros de candomblé. Embora os ogãs também sejam escolhidos independentemente de condição social, cor, raça ou opção sexual, existe sempre certo estereótipo do cargo. Ogãs deveriam ser homens fortes, masculinos, provedores, dinâmicos, habilidosos, sobretudo heterossexuais.

Não só nesse caso, mas especialmente nele, é sempre importante conhecer a opção sexual de cada membro do povo de santo. Afinal, as relações interpessoais mudam caso a caso, seguindo certos modelos e variáveis preconcebidas.

Nos terreiros convivem homens com diversas opções sexuais. Patrícia Birman (1995), em seu estudo sobre gênero, associou preferencialmente os ogãs a opções heterossexuais. Em minhas pesquisas isso não se revelou tão verdadeiro. Em alguns dos terreiros pesquisados, tomei ciência da presença de homossexuais que, não entrando em transe, foram elevados e confirmados como ogãs, mas deles se esperava sempre um comportamento de modelo mais masculino.

Birman afirma que "homens, homens 'mesmo', não são dados à prática da possessão e é entre esses que se encontram os ogãs" (Birman, 1995: 87), sugerindo a exclusão da categoria dos homossexuais dos cargos não-rodantes.

É bem verdade que é quase um tabu falar-se nos terreiros que um determinado ogã é homossexual, sem demandar algum conflito. Por outro lado, num tom de fofoca, alguns de meus informantes sentiram-se confortáveis em relatar alguns fatos em que esses atores se incluíam, como passo a descrever.

Pesquisando no terreiro de pai Rato de Ogum, localizado na zona oeste de São Paulo, conheci pai Biro. Era um babalorixá que, na época de minha pesquisa, tinha quase 60 anos de idade, 45 deles dedicados ao candomblé. Tinha uma roça, como denominava seu templo, numa cidade da região metropolitana de Salvador, e pelo menos duas vezes ao ano vinha a São Paulo auxiliar seu filho de santo, Rato de Ogum.

Em uma das muitas entrevistas que realizei no terreiro, pai Biro interveio nas respostas dadas por seu filho de santo. Pai Biro também queria ser entrevistado, já que dava muita importância às "coisas dos estudiosos", conforme afirmou.

Iniciado para o orixá Oxum, pai Biro considerava-se vaidoso, atraente e conquistador. Contudo, mantinha um romance que durava alguns anos com um ogã chamado Maé, que fora iniciado por seu caboclo.

A tranquilidade com que relatou o fato deu-me vontade de questioná-lo sobre esse tipo de relação, na medida em que, segundo a lei do santo, pais e filhos de santo não podem manter relações sexuais entre si, repetindo as imposições da sociedade abrangente.

Pai Biro conhecera Maé desde que este tinha 6 anos. Maé era filho de uma antiga filha de santo de seu terreiro e pai Biro em muito ajudara a criá-lo. A mãe de Maé faleceu repentinamente, deixando o filho sem meios para se manter. Pai Biro levou-o para o terreiro e passaram a viver juntos. O romance, segundo o pai de santo, começou pouco depois, numa noite de São João. O fato deflagrou fofocas e ressentimentos nos outros filhos de santo, e muitos deles, enciumados, abandonaram o terreiro.

O pai de santo viu-se acuado por seus filhos de santo. Para legitimar o amante no terreiro, decidiu tornar Maé um ogã. Durante uma festa do Caboclo Sete Luas, entidade que possuía pai Biro, o amante foi suspenso ogã de faca de Oxum, orixá do pai de santo, cargo importante dentro dos terreiros de candomblé.

Mais tarde ocorreu a iniciação de Maé pelas mãos do pai de santo incorporado pelo Caboclo Sete Luas, provocando nova cisão no terreiro. Os filhos de santo não aceitavam a explicação que pai Biro dava para a iniciação de Maé, isto é, que este não era seu filho de santo, mas sim de seu caboclo, pois, sendo seu amante, não poderia "colocar sua mão" na cabeça do ogã. Usou a identidade do caboclo para contornar a interdição do incesto. Não é esta uma prática incomum nos terreiros.

Pouco se importando com as consequências de seu ato, desde então, pai Biro viu seu terreiro frequentado por poucos filhos de santo, na maioria membros de sua família consanguínea, os quais, afinal, segundo ele, dependiam economicamente dele, "comendo dos frangos sacrificados nos ebós".

Para meu espanto, pai Biro relatou sem qualquer pudor como ocorriam as relações sexuais entre ele e o ogã de Oxum. Disse-me que, a cada duas noites, Maé o "procurava" em seu leito. O curioso é que, segundo seu relato, sua mãe carnal, uma senhora já idosa, dormia com eles no mesmo quarto.

Maé esperava a mãe de pai Biro dormir e, silenciosamente, entrava embaixo das cobertas junto a seu amante, dizendo-lhe: "Bença pai." A que pai Biro respondia: "Minha mãe te abençoe." *Minha mãe* significava Oxum, que era o seu orixá.

Mesmo vestidos, os dois faziam amor; para pai Biro, eles tinham uma relação muito respeitosa, e gabava-se em dizer que jamais vira Maé nu, para não causar qualquer constrangimento entre ambos. Ainda assim, o sacerdote dizia que Maé não era homossexual, aquilo era apenas uma forma que havia encontrado de retribuir a ajuda que recebera do pai de santo. Pai Biro garantiu ainda que desejava que o ogã constituísse família e vivesse com ele no terreiro para sempre.

Deste relato percebi duas situações muito distintas. A primeira é de ordem religiosa, em que o incesto era praticado pelo babalorixá em detrimento da lei do santo, que é enfática em proibir tal prática; a segunda é de ordem secular, voltada para a resolução do conflito deflagrado no terreiro.

O sacerdote justificava sua infração à lei do santo alegando que sua relação amorosa com seu ogã era respeitosa, não carecendo ser penalizado por isso, garantindo que nem mesmo seu orixá o julgara. A segunda situação ele resolveu adotando medidas impositivas, elevando o amante à categoria de ogã, deixando-me claro que o poder de solução do conflito estivera sempre em suas mãos. Grande parte de seus filhos de santo respondeu a ambas situações abandonando o terreiro.

Questionado sobre o sentimento que mantinha em relação ao ogã, o babalorixá foi enfático em dizer que o amava, mas não necessitava que aquele lhe devotasse o mesmo afeto. Afinal, ele já estava velho e precisava se aproveitar da situação.

O caso de pai Biro e seu masculino ogã Maé mostra quão sutis e conflituosas são as relações na hierarquia dos terreiros de candomblé. E como a imagem que o cargo projeta pode independer do comportamento real de quem o ocupa.

Ainda dentro do mesmo assunto, visitando o terreiro de pai Josué de Ossaim, localizado na zona leste de São Paulo, deparei-me com outro quadro, um tanto semelhante ao apresentado anteriormente.

Era dia de festa do orixá patrono do terreiro. Pai Josué recebeu-me afetuosamente, já que fui levado por uma amiga comum e também por ser eu um membro do candomblé.

Nessa data comemorativa de grande importância, o terreiro de pai Josué estava lotado, com a maioria de seus filhos de santo presentes. Fui vestido em trajes civis e o povo de santo presente não me distinguia como religioso. Conversavam sobre isso e aquilo, mas principalmente sobre o novo relacionamento amoroso de pai Josué.

Conhecido pelo povo de santo por suas aventuras amorosas, ele não escondia sua opção homossexual e apresentava seu novo parceiro seguindo sempre o mesmo ritual, conforme um relato ocorrido naquela noite.

Uma filha de santo de seu terreiro, que àquela hora da madrugada já estava um tanto embriagada — a bebida era oferecida sem parcimônia na cozinha que servia o barracão de festas, o que ocorre em alguns, mas não em todos os terreiros —, levou-me próximo da janela do quarto de pai Josué, que dava para o jardim onde os convidados eram recebidos para jantar.

Essa antiga filha de santo já vira aquela mesma situação em outras ocasiões. Com ela vi um rapaz de seus vinte e poucos anos, trajando apenas uma bermuda, que, deitado na cama de pai Josué, assistia à televisão sem dar-se conta do que acontecia no jardim. Até a apreciação daquele quadro, nada me estranhou. No entanto, ela relatou que o maior problema não eram as constantes aventuras amorosas de seu pai de santo e sim sua imposição para que os filhos de santo recebessem calorosamente o novo amante como novo ogã ou *oloiê* (dono do cargo). Cada novo amante recebia um novo cargo religioso naquele terreiro.

Nem todos os filhos sujeitavam-se docilmente a beijar a mão do caso novo do pai de santo, pois, no candomblé, os de posição inferior beijam a mão e se curvam diante dos portadores de cargos de elevada posição hierárquica. Não tenho ideia da dimensão desse conflito, pois, durante minha entrevista com pai Josué, ele se esquivou às questões relativas a este assunto.

A filha de santo alegou que alguns dos rapazes amados chegaram a ser confirmados pelo orixá do pai de santo, para depois, com o rompimento amoroso, deixar o terreiro. Pior quando permaneciam na casa. Os filhos de santo já previam algum conflito que surgiria entre o antigo e o novo amante, que com certeza ocorreria rapidamente. Pai Josué resolvia a questão expulsando do terreiro o antigo parceiro.

Maliciosamente, essa mesma filha de santo me contou que havia um sinal característico que pai Josué acenava ao trocar de amante: ele jogava fora a colcha e as almofadas de matelassê que cobriam seu leito.

Na noite de minha visita, a colcha e as almofadas eram amarelas. Dois meses depois, por ocasião de outra festa a que compareci, o jovem amante do babalorixá foi suspenso por seu orixá em transe para ocupar o cargo de pejigã. A antiga filha de santo estava lá e com olhar cúmplice deu-me uma piscada de olho, como a confirmar aquilo que me relatara.

De todo modo, o ogã, pelo que percebi, é sempre visto em grande parte, nos terreiros de candomblé, como o provedor diferenciado da ordem econômica, social e religiosa. Em outros casos, poderá ser preferencialmente distinguido com alguma honraria por seus atos que favoreçam o templo ou ainda pelas relações íntimas que mantém com o sacerdote-chefe do terreiro.

Vale lembrar que o ogã integra uma estrutura em que outras figuras se misturam, e pode-se imaginar que disputas e conflitos ocorrem entre elas. Ao pai de santo cabe julgá-los, e isso já foi dito por Donald Pierson (1942), que, analisando as relações sociais num terreiro baiano, relatou algumas formas de julgamento e pena para os infratores. Escreveu ele: "a princípio, usa-se a persuasão. Mas, se nada conseguir, o sacerdote ordena que cada uma das partes lave o seu fetiche particular, obtendo-se assim, com raras exceções, que elas aceitem a mediação. A disputa é então resolvida e celebrada bebendo cada uma das partes querelantes a água onde foi lavado o fetiche da outra. A continuação da disputa quebrará a promessa implícita ao orixá e tornará o ofensor passível de uma pena, que geralmente é a morte" (Pierson, 1942: 16).

Agrupando ao caso dos ogãs os dos demais membros do terreiro, relações também implicam disputas, intrigas, insatisfação e inveja, que o templo de uma forma ou de outra procura resolver.

Costa Lima considerou que, para apaziguar as questões conflituosas de um terreiro, alguns deles dispõem de uma pessoa encarregada daquilo que chamou de "missão diplomática": seu dever é atenuar a crise e promover a reconciliação. Diz ainda que, em certas casas, esse papel é cumprido por uma ebômi que usa o título de Iá Tebexê (Costa Lima, 1977: 154).

Nessa trama de relações devemos levar em conta que, no candomblé, as disputas e os conflitos ocorrem em maior ou menor grau, dependendo da condição hierárquica de cada um. Ali, leva-se em consideração o tempo de iniciado ou confirmado, de modo que os mais jovens devem respeito e obediência aos mais velhos.

É histórico ouvir-se nos terreiros que os ogãs e as equedes (consideradas as aias dos orixás) já nasceram "feitos". Isso significa que não precisam ser raspados, não tendo que se submeter a um período longo usando o quelê (colar iniciático) nem cumprir de forma submissa toda a etiqueta que compõe a sociabilidade do terreiro, necessitando apenas de confirmação pública, após terem sido escolhidos ou "suspensos" pelo orixá a quem devem servir. Em muitos terreiros, contudo, essa prática não é considerada, devendo todos ser iniciados, não existindo a expressão "nascer feito". No entanto, em qualquer condição litúrgica do terreiro, esses atores são favorecidos em muitos aspectos e, por isso, não se sentem submissos à vontade do sacerdote-chefe, pois afinal são tratados com reverência.

Ao pai de santo cabe colocá-los em seus devidos lugares, como me disse um informante, tratando de torná-los conscientes de sua posição; afinal, "quem manda no terreiro é o pai de santo".

Em alguns terreiros, os ogãs e as equedes são considerados pais da divindade e não o contrário. Tornam-se "poderosos" em virtude desta concepção. Observei, em algumas ocasiões, a arrogância de alguns deles ao se dirigirem a filhos de santo que eram da categoria de *iaô*,[10] submetendo-os a obediência e humilhação, por vezes sem uma razão específica. Firmam-se dessa forma sobre aquilo que lhes foi dado, ou seja, o poder, e é o pai de santo que atribui esse poder, muitas vezes em busca de prestígio e outros interesses, conforme já disse.

Para a legitimação do exercício do poder, que quase sempre tem como consequência situações conflituosas, justifica-se que é assim na África, apelando-se às estruturas de hierarquia e poder existentes na corte africana, reais ou idealizadas. Nesse processo se enquadram todos os terreiros de candomblé brasileiros, cada qual alegando sua pureza africana.

Na origem, as etnias africanas cultuavam os orixás; portanto, o culto estava ligado à estrutura da família e do parentesco. Mas, ao longo do tempo, conforme assinala Pierre Verger, "ainda não há, em todos os pontos do território chamado Iorubá, um panteão de orixás bem hierarquizado, único e idêntico. As variações locais demonstram que certos orixás, que ocupam posição dominante em alguns lugares, estão totalmente ausentes em outros" (Verger, 1981: 17). Isso mostra a diferença fundamental na organização do culto aos orixás em terras brasileiras. Na nova geografia, ele "reorganizou o panteão; a nova cultura rearranjou os patronatos" (Vallado, 2002: 33) e uma nova identidade afro-brasileira, mesmo massacrada por tantas perseguições e conflitos, tornou possível a sobrevivência do culto dos orixás. O culto, portanto, se organiza na forma de um terreiro, roça, abassá, ilê ou outra denominação expressa no linguajar corrente do povo de santo.

---

[10] Iaô (*ìyàwó*) "é o recém-iniciado no culto, sendo que esta denominação irá acompanhá-lo somente até a obrigação de sete anos, que marca o final de sua iniciação" (Beniste, 1997).

Falar de si e dos outros

Nas palavras de Peter Berger, "não obstante o que a religião possa ser além disso, ela é um universo de significado construído pelo homem, e esta construção é feita por meios linguísticos" (Berger, 1985: 181). Também no caso do candomblé devemos nos ater à questão do linguajar do povo de santo. Não somente o modo de falar, mas o quanto ele fala, falando de si e dos outros, principalmente. A rede de informações no candomblé é tão poderosa que, além de ser um mecanismo de controle social, é uma verdadeira negação, em que a noção usual que se tem sobre o direito das pessoas falarem sobre o que é certo ou errado não é levada em consideração.

Na verdade, "a rede de informação do povo de santo é tão eficiente que é costume dizerem, no candomblé, que 'se você não quer que saibam de uma coisa, não deixe que aconteça'" (Amaral, 2002: 36). As relações amistosas entre os terreiros até podem existir, mas invariavelmente não ultrapassam o plano das homenagens mútuas, o que não impede os conflitos, o ciúme, as intrigas e as rivalidades entre candomblé e babalorixás, conforme já assinalado por Bastide (2001).

É imperativo considerar que os membros de um terreiro de candomblé passam muitas horas, se não dias, juntos em atividades de natureza doméstica, limpando o terreiro, preparando os alimentos na cozinha, costurando, lavando e passando as roupas rituais. São muitas horas de convívio que proporcionam grande intimidade entre os filhos de santo, favorecendo as conversas e nutrindo a curiosidade pela vida íntima de cada um. Os devotos trabalham, comem e dormem no terreiro — como uma família.

Além da conversa que se arrasta por todos os cantos dos terreiros, o conhecimento é disputado o tempo todo, daí o mandatário ter grande dificuldade de esquivar-se de alguns ensinamentos ou questionamentos. Para sair ileso e para não ter seu conhecimento questionado, ele pode e costuma se valer de inúmeros artifícios, até mesmo de magias e rituais.

É grande o poder da intriga no candomblé. Fofocas, mexericos e disse que disse ocorrem nos terreiros como mecanismo de controle social muito frequente. Transformam os fatos, polemizam ações, criam reações e disputas baseadas principalmente no imaginário impregnado de informações distorcidas e às vezes maldosas, que até mesmo contêm um princípio verdadeiro. Para temperar os fatos costuma-se transformá-los.

O tempero nas conversas está notadamente presente em todos os cantos do terreiro, mas seu principal local é a cozinha sagrada dos orixás, cenário teoricamente exclusivo das mulheres, que arrastam para lá e para cá suas saias rodadas, e que, "com a mesma paixão e cuidado, vão compondo os aromas e sabores destinados ao encantamento de palavras igualmente mimadas" (Vogel, Mello e Barros, 1993: 43).

Na cozinha, a conversa, a fofoca e os mexericos se acendem e temperam os ânimos sempre muito inflamados. O azeite de dendê ferve nos tachos onde o acarajé é frito. Leva tempo para fritá-lo, e muito tempo propicia muita conversa. Na cozinha do santo, como a chamam, muito conhecimento é transmitido, mas ali as questões conflituosas também vêm à baila. Aí os atores dão suas opiniões sobre a resolução deste ou daquele conflito, nem sempre encontrando uma solução adequada para eles, deflagrando com certeza divergências no julgamento. Tal ocorrência me pareceu normal nos terreiros; afinal, estando na cozinha, nada mais natural do que temperar os fatos com muita pimenta e muita dose de malícia.

Nada será visto ou ouvido por quem chega e é estranho ao lugar; os códigos são muito sutis. A gíria de terreiro está na boca dos filhos de santo, o linguajar do povo de santo é cifrado e sua compreensão já significa certa inclusão no grupo religioso.

Pronuncia-se incessantemente a palavra axé (*a<u>s</u>ê*), força que proporciona o existir da própria religião. Mas, para o povo de santo, utilizá-la em seus diálogos é motivo de elucidação de algum fato ou mesmo afirmação de algo que desconsidera seu significado principal.

Exemplo disso encontrei numa frase utilizada por um informante ao se qualificar como um *okó odara* e com grande *axé de mona*. No linguajar do povo de santo, significa que ele se considerava um homem bonito e com muita sorte no trato com as mulheres. Outras frases, algumas delas indecorosas, foram a mim proferidas ao longo da pesquisa, com a palavra axé adquirindo significados vários. O termo contra-axé também surgiu nos diálogos dos terreiros para apontar infração cometida pelos filhos de santo, sobretudo na quebra de tabus ou quizilas.[11]

De conversa em conversa, alguns personagens vão tomando forma e recebendo nomes que lhes concedem identidade. Os tipos fofoqueiros são chamados de *funejó*, outros de *elejo*; outros ainda de *indaca de afofo* ou *indaca de mavula*. São aqueles que fazem o fuxico, a fofoca, o *lorogum*.[12] Segundo Júlio

---

[11] A palavra *quizila* (de origem banta) significa tabu do orixá, ou seja, um conjunto de proibições de alimentos, cores, lugares etc. (Prandi, 1991).

[12] *Lorogum* é uma palavra que dá nome ao ritual de louvação do orixá Oxaguiã, considerado a divindade criadora da cultura material. Sua principal festa é uma celebração da punição da humanidade por causa de suas más ações.

Braga, esses personagens, considerados por ele portadores de muito poder, são muito conhecidos dos terreiros onde exercem "papel fundamental de contemporizador na introdução de novos códigos comportamentais, através de um discurso cheio de graça ou pelo menos com ar de que se trata apenas de gracejo, amenizando, assim, os efeitos da invenção ou da reinvenção da tradição" (Braga, 1998: 35).

Nos terreiros há sempre uma forma de se saber de tudo. Parece contraditório numa religião que tem por ideal o zelo pelo mistério que envolve os rituais sagrados das divindades. Esse mistério que compõe o saber religioso é prerrogativa principal dos mais "velhos no santo", que consequentemente detêm o poder. Ensinar aos mais novos significa redistribuir o poder, o que é feito com muita parcimônia e critério, pois o saber religioso "deve ser apreendido aos poucos, devagar, não constitui simples aquisição de informações, mas é modo de ser. A aprendizagem das regras caminha junto com o amadurecimento do adepto" (Augras, 1987: 66).

Como os ritos e os mitos, os papéis e as formas de agir no terreiro são aprendidos, e o candomblé tem sua própria maneira de ensinar, transmitir e preservar suas regras e fundamentos.

Quando trato da transmissão do conhecimento no candomblé, devo lembrar que isso se faz oralmente, uma herança da sociedade africana tradicional, ágrafa. No caso das religiões afro-brasileiras, a despeito de consumirem para uso interno certo conhecimento científico produzido por pesquisadores ao longo de mais de um século, os discursos nos terreiros permanecem assentados na oralidade. Livros não substituem ainda a transmissão pela palavra falada.

Nas religiões tradicionais africanas e mesmo no comum denominador dessas sociedades, a narrativa oral vem se extinguindo, vítima do avanço do conhecimento lógico, científico e técnico, advindo principalmente da sociedade secularizada ocidental. Todavia, a questão da "verdade" na África tradicional é ainda concebida como algo que demanda energia vital, o que, portanto, atribui à palavra um caráter sagrado: a palavra falada contém poder, transmite poder, cria poder.

Jan Vansina escreveu: "muitos autores pensam que os povos que não conhecem a escrita dispõem de uma excepcional memória. Outros pensam que as tradições não têm valor quando se referem a períodos muito distantes no tempo" (Vansina, 1966: 52-53). Com isso Vansina alega ainda que não existem provas científicas que comprovem a real capacidade cerebral da espécie humana. No entanto, na sequência de sua reflexão, Vansina propõe que a memória humana é capaz de reter informações, caso se resigne em direcionar, mais amplamente, seu foco de atenção dentro de um determinado ponto de vista. Contrariamente à primeira afirmativa, negada por Vansina, Hampate Bâ, com olhos voltados à memória africana, escreveu: "uma das peculiaridades da memória africana é reconstituir o acontecimento ou narrativa em sua totalidade..." (Hampate Bâ, 1982: 215).

No entanto Maurice Halbwachs afirmou que as lembranças são sempre reconstruções, imagens alteradas por outras imagens, "é uma reconstrução do passado" (Halbwachs, 1990: 71). No candomblé, herdeiro da reconstrução da memória religiosa africana, tem-se a recriação de comportamentos rituais por meio de elementos do passado, com ajuda de dados emprestados do presente.

Walter Benjamim escreveu, há mais de cinquenta anos, que "a arte de narrar está definhando porque a sabedoria — o lado épico da verdade — está em extinção" (Benjamin, 1987: 200-201). Atenho-me a este ponto, pois é histórico no candomblé o fato de os mais velhos no santo negarem a transmissão de seus conhecimentos religiosos aprendidos com seus antepassados. Escutei de alguns deles que preferiam levar consigo para o túmulo a revelá-los aos mais jovens. Uma mãe de santo francesa com terreiro no Rio de Janeiro, ao ser entrevistada por Hubert Fichte, afirmou que nas "religiões afro-americanas jura-se não falar. Os velhos não falaram. Eles morreram com o que sabiam. Era uma espécie de orgulho. Isso acarretou uma enorme perda de sua herança cultural" (Fichte, 1987: 75).

Ouvi de vários chefes de terreiro que um dos itens da lei do santo é propagar o conhecimento religioso com humildade, para que o culto aos orixás não pereça. Em certo número de casos constatei o fiel cumprimento da lei, mas ainda a grande maioria envaidecia-se cada vez que era por mim questionada sobre o que era deter poder sobre o conhecimento, e até que ponto isso prevalecia como legitimação de seu cargo.

Inimagináveis são as reações desses religiosos, um misto de arrogância e falsa modéstia, apregoando-se a continuidade de uma tradição. Alguns julgavam desperdício ensinar aos mais novos, acreditando que tal fato produziria algum golpe ou usurpação do poder.

Muitas foram as reclamações a mim proferidas pelos mais novos no santo, que, num desabafo constante, ressentiam-se do endurecimento na transmissão do conhecimento por parte dos mais velhos. Portanto, embora não de maneira abrangente, acredito que pais e filhos de santo estarão sempre separados pelo abismo do conhecimento religioso.

Conforme me disse o falecido Prof. Agenor Miranda Rocha na época de minha pesquisa, esta estratégia é utilizada há muito tempo pelos religiosos afro-brasileiros, e, em vez de preservar a continuidade do culto, estaria levando ao caos. Ainda sobre esse assunto, o Prof. Agenor escreveu: "quando eles (os orixás) nos esquecerem, estaremos para sempre enclausurados no nosso tempo e nas nossas fraquezas. Por isso — e não por vaidade ou hermetismo — devemos praticar o nosso culto tanto quanto possível à moda dos africanos" (Vallado, 2002: 10).

O Prof. Agenor aconselhou sempre que se praticasse o candomblé tanto quanto possível de modo fiel à tradição africana, pois a religião é um elemento por excelência da cultura e um de seus princípios é a dinâmica. *Tanto quanto possível* aqui quer dizer que é preciso enfrentar os novos tempos, adequar os ritos às novas situações.

O candomblé se reconstrói constantemente, e foi o terreiro, principalmente, o local que veio a ter a função de "reconstrutor vitalista" — termo emprestado de Muniz Sodré (1988) — da cultura africana. Esse autor, que tão bem analisa essa forma de reconstrução cultural, afirma que ela dá ensejo a uma continuidade produtora de identidade, pois o "homem [o negro africano] estava aqui e não num Olimpo idealizado" (Muniz Sodré, 1988: 54).

Nesse processo lembro da definição que Peter L. Berger deu para cultura. No sentido amplo do seu significado ele escreveu: "a cultura consiste na totalidade dos produtos do homem. Alguns destes são materiais, outros não. O homem produz instrumentos de toda espécie imaginável, e por meio deles modifica o seu ambiente físico e verga a natureza à sua vontade" (Berger, 1985: 19). O que me fez pensar nas reais possibilidades que os negros africanos tinham para compor novos elementos culturais, apoiados na nova realidade que se apresentava: realmente não estavam num Olimpo metafórico, mas ao largo do tempo criaram seu espaço no novo mundo.

O Olimpo citado por Muniz Sodré dá sentido ao que o Prof. Agenor afirmou; mas será que o povo de santo teria condições de alcançar o significado do que ambos disseram? Na minha convivência nos terreiros pesquisados, pude constatar que pouco se pode perguntar, apenas os olhos observam (quando isso é possível), fazendo uso da memória, nem sempre atenta a todos os detalhes observados. No candomblé o conhecimento tem um tempo certo para ser alcançado, mas aí reside um perigo, pois ouvi que "só se pode ter fé quando se sabe o que se professa".

A partir dessa alegação, passei a perguntar aos pais e mães de santo sobre como agrupar fiéis seguidores sem dar-lhes em contrapartida um conhecimento profundo e adequado acerca da religião que professariam. Na maioria das vezes escutei evasivas ou justificativas que não davam conta do problema.

Noutras vezes fui admoestado grosseiramente de que tal fato não deveria ser levantado, quanto mais questionado por um pesquisador.

A maioria do povo de santo entrevistado mostrou-se favorável à prática oral do ensino religioso nos terreiros. No entanto, nas últimas décadas, os templos foram inundados pela escrita. Oralidade e escrita se entrecruzam nesse espaço onde os interesses de seus membros podem divergir, mas, na modernidade, a busca do saber toma o lugar da grande espera que o aprendizado tradicional nos terreiros impõe aos filhos de santo.

Não quero com isso tecer críticas às formas orais de ensinamento praticadas nos terreiros, mas observei que elas sempre ocorrem à mercê dos mais velhos no santo, sejam eles chefes de terreiro ou mesmo aquelas velhas tias de santo, personagens importantes e que tanto embalam as conversas nos templos: "o povo de santo evoca sempre os velhos tios e tias desaparecidos, seu poder; as proezas sobrenaturais de seus orixás, o conhecimento e a capacidade de olhar dos velhos..." (Costa Lima, 1998: 36).

Como já disse, na lógica do ensino litúrgico nos terreiros, a modernidade conflita com a tradição, mas com o fim de atender aos anseios de seus seguidores, que em diversas ocasiões, utilizando-se de minha condição de pesquisador, exprimiram o desejo do conhecimento religioso.

Nesses momentos não perdi de vista o que já disse até aqui, e poderia tecer outros comentários sobre a questão da transmissão do conhecimento nos terreiros; no entanto, preferi me ocupar dos conflitos decorrentes dessas ações.

CAPÍTULO III

COTIDIANO

O candomblé como religião implica o convívio intenso de seus devotos, estabelecendo-se no grupo de culto um padrão de sociabilidade *sui generis*. O grupo cultua os orixás e por eles dispõe de sua vida pessoal, regrados que são por normas bastante específicas. Usando as palavras de Durkheim, podemos dizer que os orixás são, enquanto seres sagrados, "... por definição, seres separados. O que os caracteriza é que entre eles e os seres profanos há uma solução de continuidade" (Durkheim, 1996: 318), o que leva, no cotidiano do candomblé, seus seguidores a procurarem justamente estabelecer a ponte para cruzar essa linha de separação, cabendo ao pai ou à mãe de santo estabelecer a mediação. A religião aproxima o fiel de seu deus, e o rito de transe identifica um na figura do outro. Na dança ritual do orixá, a divindade e seu portador — o filho de santo — momentaneamente se constituem numa mesma entidade.

Por outro lado, o candomblé valoriza modelos de conduta que são os dos orixás, modelos que acabam se mostrando como criadores de conflitos e, por que não dizer, de verdadeiras guerras rituais em que as noções ocidentais do certo e do errado, do bem e do mal são absolutamente irrelevantes. Lidar com isso é tarefa árdua para quem está no comando, daí ter que se dispor a tomar decisões, frear conflitos e evitar rupturas.

Os terreiros de candomblé são constituídos de pequenos grupos que se agregam em torno da figura de uma mãe ou pai de santo. Nos moldes adotados por Theodore M. Mills, os pequenos grupos são unidades compostas de duas ou mais pessoas que entram em contato para determinado objetivo, e que consideram relevante esse contato (Mills, 1970). De fato, os terreiros de candomblé são geralmente compostos por ajuntamentos pequenos, com raras exceções, com uma média de cinquenta iniciados, interagindo intensamente o tempo todo. Esse grupo é denominado família de santo, conforme estudado por Vivaldo da Costa Lima (1977), e frequentemente traz para o indivíduo as mesmas referências de direitos e obrigações da família social.

Não importa a dimensão espacial do terreiro, ele é antes de tudo um templo que abriga os devotos e o culto às divindades, portanto "constitui, por assim dizer, uma 'abertura' para o alto e assegura a comunicação com o mundo dos deuses" (Eliade, 1999: 30). Apesar de o terreiro abrigar geralmente um pequeno grupo de pessoas, nem sempre elas são solidárias entre si, o que ressalta diferenças e produz conflitos.

Na ordem habitual de uma igreja católica, por exemplo, os devotos, ao comparecerem para os rituais, encontram as portas abertas com cadeiras ou bancos disponíveis para comodamente participarem das celebrações. Participam passivamente e, ao final, despedem-se e vão-se embora. Só se permanece na igreja durante a missa, reza ou outra celebração. Em um terreiro de candomblé, entretanto, isto é muito diferente. Para começar, o espaço não pode ser usado igualmente por todos. Desde o portão de entrada, vários símbolos marcam o espaço físico. Sinais de impedimento ou interdição são dispostos para que os devotos e visitantes se orientem em seus movimentos no espaço sagrado, com direções diferenciadas para cada nível da hierarquia sacerdotal, segundo a complexa etiqueta do candomblé. No candomblé não se vai somente para a celebração ritual, pois esta é precedida de muito trabalho, e muito trabalho há para se fazer também depois da cerimônia.

A liberdade de movimentos no terreiro é regulada por códigos de controle e dominação. Ninguém é livre para agir como quer, havendo sempre a figura do pai ou mãe de santo, líderes religiosos que, em nome do orixá patrono do terreiro ou por decisão pessoal, apregoam os mandamentos — nem sempre explicitados e sim sutilmente subentendidos — que norteiam o comportamento religioso-social do grupo.

É impróprio falar em liberdade de escolha no desempenho das funções no terreiro. Tudo o que se faz e se pensa segue um código de comportamento muito peculiar do grupo de candomblé, a chamada lei do santo.

Assim, sentar-se numa cadeira sem ser "merecedor da honraria" é algo distante para a maioria dos adeptos do candomblé. Ter uma cadeira no terreiro significa estar situado num alto posto de sua tensa hierarquia. Tensa porque é permeada por transformações constantes. Os adeptos do candomblé encontram na hierarquia uma definição de papéis muito distinta daquela vivida na sociedade abrangente (Lima, 1977; Braga, 1998).

A família de santo consolida o terreiro como unidade religiosa e o terreiro, em suas instalações materiais, por si só é uma entidade sagrada. Como tal ele deve ser preservado, recebendo "fundamentos" poderosos, que vão desde o assentamento de Exu, que guarda a sua entrada, até o uso de rituais para afastar mau-olhado, feitiços e outras forças mágicas maléficas provenientes do mundo exterior (que se imagina originárias de outros terreiros), que poderão de alguma maneira criar problemas de ordem em seu interior, conforme crença generalizada. Uma visita indesejada e invejosa pode, por exemplo, "queimar" a casa com o uso de um simples pó mágico e, com isso, provocar transtornos e até o aniquilamento do pai e de sua casa de santo.

O assentamento de Exu é a grande defesa do terreiro. Exu, antes de tudo, conforme escreveu Juana Elbein dos Santos, é "o princípio dinâmico de comunicação e individualização de todo o sistema", "é através do axé, propulsionado por Exu, que se estabelece a relação do aiê — a humanidade e tudo que é vida — com o orum — os espaços sobrenaturais e os habitantes do além" (Santos, 1984: 21: 37). Por seu poder de equilibrar e desequilibrar, Exu é o catalisador do mal, sendo capaz de estabelecer uma guerra mágica contra o inimigo exterior para defender o território posto sob sua guarda. Ele recebe oferendas antes dos outros orixás e de forma constante, pois, embora seja a defesa do terreiro, também pode voltar-se contra este quando não tratado dignamente. Exu é aquele que recebe o pagamento adiantado pelos serviços que ainda prestará. Homens e divindades são seus devedores eternos (Vogel, Mello e Barros, 1993).

Os demais orixás estão assentados em uma única construção, onde todos são cultuados conjuntamente, ou, quando o terreiro possui recursos para tanto, em quartos individuais. Segundo Roger Bastide, o lugar de culto aparece sempre como um verdadeiro microcosmo da terra ancestral (Bastide, 2001). Os vários quartos de santo representam a memória da antiga família iorubá, extensa e poligínica, em que cada esposa habitava com seus filhos um quarto separado e onde cultuava os deuses que trazia da casa de seu pai.

No terreiro, além da hierarquia que se estabelece entre seus membros, outra é construída entre as divindades. Depois do assentamento de Exu, o orixá patrono do terreiro também terá sua representação em local de realce, repetindo uma regra da sociedade abrangente: quem está no mando deve estar em maior evidência.

Ao estudar o candomblé, não se pode perder de vista que os terreiros não são puramente microssistemas, mas principalmente microcosmos da sociedade mais ampla, tal como nas definições de Mills (1970).

Um complicador importante nas relações entre as pessoas no cotidiano dos terreiros está associado ao fato de que, de maneira geral, o terreiro é ao mesmo tempo o espaço sagrado e público de um grupo religioso e o espaço privado e secular do pai ou da mãe de santo. A não ser em terreiros muito antigos, que são poucos, o templo é um empreendimento do seu chefe e é administrado como uma empresa pessoal. A maioria dos pais ou mães de santo reside no terreiro com sua família carnal, mantendo uma economia que não separa as contas do templo de suas contas pessoais, e mistura as relações pessoais com as religiosas num mesmo espaço repleto de tensões de toda sorte.

Vamos acompanhar a trajetória de mãe Nair e seu terreiro, em que as mais diferentes situações de conflito vão se descortinando no cotidiano de um grupo de candomblé.

As famílias de mãe Nair

No final da década de 1980, mãe Nair de Ogum abriu seu terreiro de candomblé nas proximidades da cidade de São Paulo. Fora iniciada no culto dos orixás no ano de 1966 por uma mãe de santo conhecida pelo apelido de mãe Loura. Vinda do Nordeste, mãe Loura abrira seu terreiro em 1964 no município de Arujá, localizado na região metropolitana de São Paulo. Descendente de comerciantes europeus financeiramente bem situados aqui, mãe Nair havia estudado inglês e alemão, e nunca tivera contato com outra religião que não a católica até ser iniciada.

Mãe Nair, depois de oito anos de iniciada, rompeu com sua mãe de santo e nunca mais soube nada acerca dela ou de seus irmãos de santo. Ela acreditava que os vários conflitos que teve com sua ialorixá tiveram origem em alguns contratempos de ordem econômica, embora em princípio não tenha comentado quais foram eles.

Certo dia, em uma conversa, mãe Nair contou que, por ocasião de sua iniciação, sua família fora vítima de abusos financeiros por parte de sua mãe de santo. No entanto só tomara conhecimento desse fato tempos depois, o que lhe causou indignação. Mais ainda, ela não se conformava em ser chamada de "baú da felicidade" por sua ialorixá. Por esses e vários outros motivos, abandonou o terreiro de mãe Loura.

Indagada sobre o porquê de sua iniciação nesse terreiro, mãe Nair contou que havia tempo tinha manifestações espirituais que provocavam desmaios e perda da consciência. Como a medicina tradicional não a curava, um dia acabou sendo levada desacordada, por uma amiga, para o terreiro de mãe Loura.

Assim tudo começou e ali ela permaneceu por alguns anos, ainda que tal fato lhe provocasse muitos dissabores. Permaneceu sob os cuidados da mãe até completar os sete anos de iniciação e receber o *decá*,[13] que lhe permitiu abrir seu próprio terreiro.

Antes do recebimento do *decá*, mãe Nair havia se casado, e tinha nessa época dois de seus atuais quatro filhos. Conhecera o marido no terreiro, num dos dias de consulta que mãe Loura realizava com os encantados. No começo, Lourenço não interferia nas atividades religiosas que sua esposa tinha que desempenhar no terreiro de mãe Loura, mas nunca a acompanhava em tais ocasiões. Para ele, segundo mãe Nair, foi um alívio quando ela deixou o terreiro de sua mãe de santo.

Mesmo tendo passado pela obrigação de sete anos, o que lhe permitiu atender pessoas com o jogo de búzios, e apesar de ter profunda vontade de abrir seu terreiro, mãe Nair não contava com o apoio do marido. Após a saída da esposa do terreiro de mãe Loura, ele queria que ela abandonasse a religião e se dedicasse somente à educação dos filhos.

Mãe Nair, mesmo contrariada, submeteu-se aos desejos do marido durante dois anos, até engravidar novamente. Durante a gravidez sofreu várias ameaças de aborto, e isso a levou a se comprometer com seu orixá Ogum, prometendo-lhe abrir um terreiro em sua homenagem. Comentou comigo que seu terreiro foi fruto desse compromisso: seu orixá deu-lhe um final de gravidez tranquila e ela deu-lhe o terreiro.

A relação com o orixá foi mais forte que as imposições do marido. Mãe Nair não observou a contrariedade dele, apelando para uma solução milagrosa e privilegiando-se dos dois caminhos resultantes desse ato; além de crer piamente que obtivera a graça de ter o filho tão esperado, obtivera também a permissão divina de abrir o terreiro. Subjacente à graça obtida esteve sempre o desejo de ser mãe de santo, independente da vontade do marido. Mas ela nunca me disse que o terreiro fora aberto para atender a uma vontade sua de ser mãe de santo. A relação com o orixá é que explicava os seus atos.

Concluiu nossa conversa alegando que, acima de tudo, tinha que ter muita responsabilidade para com a religião, enfatizando, como relatado por Birman, "a preocupação com os poderes mágicos que pertencem aos integrantes do culto e que não podem ser manipulados de forma leviana" (Birman, 1995: 153), deixando de lado qualquer outra inquietação corriqueira.

Mãe Nair, ao optar pela fundação de um terreiro próprio, teve que assumir as consequências derivadas não só de instâncias divinas dadas por sua nova

---

[13] *Decá* é a "obrigação de sete anos que marca a passagem do iaô para o status de ebômi (egbǫnmi, meu irmão mais velho), que confere a senioridade sacerdotal aos iniciados rodantes. Também chamado de oiê de ebômi ou cuia" (Prandi, 1991: 246).

condição de mãe de santo, mas também aquelas relacionadas à sua família secular. As brigas com seu marido se intensificaram e por várias vezes eles se decidiram pela separação.

No entanto, passados alguns meses desde a decisão tomada por mãe Nair, seu marido adoeceu, o que o levou a aposentar-se pelo INPS. Além dos constantes conflitos com o marido, mãe Nair tinha agora que conviver com a depressão dele, surgida após a aposentadoria. Nessa nova condição, Lourenço não tinha mais como prover financeiramente a família, que era composta na época por mãe Nair, três filhos e um quarto que já estava a caminho. Nesse início, mãe Nair ainda não atendia pessoas com o jogo de búzios nem tampouco possuía um espaço destinado às atividades religiosas que havia se proposto a desempenhar.

Para mãe Nair, a situação que se apresentava naquele momento era fruto dos desígnios dos orixás. Isso a levou a persuadir o marido a ajudá-la na construção do terreiro. Mesmo contrariado, Lourenço aceitou a ideia de vender o apartamento em que moravam em São Paulo para comprar uma chácara no município de Guarulhos, a poucos quilômetros da capital paulista. Lá mãe Nair e a família disporiam de uma casa com cinco cômodos e um pequeno galpão que anteriormente fora uma oficina mecânica.

Toda essa trajetória acabou provocando a adoção de novas condutas familiares, sobretudo uma mudança profunda na posição de comando da família. A mãe Nair coube, mesmo que isso nunca tivesse sido abertamente admitido, o sustento da casa. Disse-me que no início se sentia contrariada, até entender a situação e aprender como manejá-la.

Nesse primeiro momento, mãe Nair e seu marido, ajudados por alguns parentes mais próximos, pintaram a casa e construíram, atrás do galpão já existente, dois quartos e um banheiro, destinados aos rituais do terreiro que estava nascendo.

Mãe Nair temia pela constituição de seu terreiro e o consequente surgimento de uma família de santo, principalmente pela possível interferência do marido na administração do templo. Ela sabia que, num terreiro de candomblé, não há espaço para dois mandatários. Ela estava ciente de que teria que jogar os búzios, atender a clientela e decidir acerca do caminho religioso de cada filho de santo, o que envolveria desde um simples ritual de lavar contas do orixá pessoal até os procedimentos de sua iniciação. Como desempenhar todas essas atividades era a questão que se apresentava.

A sacerdotisa queria construir o terreiro sozinha, o que não era fácil, pois, nas palavras de Birman, "um centro religioso é organizado segundo os parâmetros de uma organização familiar, o que equivale a dizer que é organizado em termos hierárquicos, compreendendo funções representadas numa lógica que envolve reciprocidade, complementaridade entre papéis de gênero" (Birman, 1995: 170), e ela era sozinha. Além disso, teria que contornar a ingerência do marido, mesmo nos momentos em que ele a ajudava na construção de seu projeto.

Em nenhum momento mãe Nair contou-me como se processara seu aprendizado religioso no terreiro de mãe Loura. Quando perguntada sobre isso, desconversava, dizendo que não havia uma regra de tempo para o aprendizado nos terreiros, e que a prática ritual no cotidiano muito tem a ensinar àquele que necessita do conhecimento.

Tal afirmação me levou a distinguir dois pontos nevrálgicos relativos à questão, pois falar de aprendizado e desempenho de funções no candomblé significa tratar da legitimação que se alcança como religioso. O primeiro diz respeito à insistência de mãe Nair em ser mãe de santo e, por conseguinte, formar uma família de santo independentemente dos conflitos que teria com o marido, conforme relatei, além de não poder contar com sua mãe de santo, que abandonara antes de iniciar seu projeto. O segundo está retratado na carência de conhecimentos mais profundos que a mãe de santo tinha sobre a religião dos orixás naquela época (o que ela admitiu em uma entrevista já no final da pesquisa).

No candomblé, o saber iniciático do filho de santo é fundamental, pressupondo observação e paciência para seu aprendizado. Assim, não se pode ser mãe de santo da noite para o dia.[14] Reginaldo Prandi afirmou que "um pai ou mãe de santo é, em geral, a pessoa com maior tempo de iniciação numa casa de candomblé, mesmo porque foi ele ou ela quem iniciou os demais" (Prandi, 1991: 172). De fato, a mãe de santo é a autoridade suprema, em todos os sentidos, dentro de um terreiro. Não há como se esquivar ou mesmo driblar a questão da autoridade suprema da mãe de santo. É um mandamento na lei do santo.

Há uma trajetória a percorrer e os seguidores do candomblé vivem seus papéis como religiosos atuantes que são muito distintos dos que vivem no mundo exterior, exercendo atividades estratificadas na hierarquia sacerdotal de acordo com o tempo de iniciação. Há o grupo de abiãs (não-iniciados), iaôs (iniciados) e ebômis (iniciados há mais de sete anos). Também há os grupos daqueles que exercem cargos complementares, como os ogãs e as equedes (homens e mulheres que não entram em transe). Os cargos de ogã e equede são

---

[14] Sobre a trajetória de uma mãe de santo ver Beatriz Góis Dantas, 2002.

concedidos, na maioria das vezes, pelo orixá patrono do terreiro, por meio da mãe ou do pai de santo em transe.

A inserção no grupo depende de como cada um é incluído nessa estrutura de classificação, daí a necessidade de o adepto conhecer as minúcias que compõem esse mundo. A prática dos terreiros impõe comportamentos rígidos e burlá-los é colidir com homens e divindades.

Situações conflituosas são frequentes e, em algumas delas, os próprios orixás atuam como mediadores ou incentivadores do conflito. Meus informantes deram-me a ideia de que os orixás são interventores sagrados que, com julgamentos muito peculiares às suas identidades míticas, transpõem, através de ações rituais, barreiras humanas e expressam sua contrariedade ou seu contentamento diante de atos de seus seguidores. Os devotos, em contrapartida, apelam para a oferenda ritual com vistas a apaziguar os deuses, atenuar o conflito e amenizar o desagrado das divindades.

Assim sendo, a tensão surge a cada novo acontecimento do dia a dia. Um exemplo disso foi relatado pela própria mãe Nair. Ela contou que, quando um iaô alcança a categoria de ebômi ou quando uma nova equede é confirmada para determinada divindade, mesmo sendo essas atribuições de papéis corriqueiras nas atividades do terreiro, num primeiro encontro de todo o grupo, se percebe a presença de um sentimento de mudança. A ordem anterior apresenta novidades, algumas pessoas sofreram um deslocamento de seus postos (os ebômis passam na frente dos que ainda não têm esse grau). Isso pode ser motivo de mal-estar para aqueles que estão em posição hierárquica inferior.

Num dia de festa no terreiro, antes de iniciar-se o *xirê*[15] (*sirê*), a fila dos filhos de santo é preparada para compor a dança circular em torno do que Eliade (1993) denominou de coluna de centro do barracão. Os filhos de santo dispõem-se uns atrás dos outros, em fila indiana, por ordem hierárquica ou de iniciação. Quando aquelas mudanças acima descritas ocorrem, a fila automaticamente será composta de maneira diferente do que foi na última festa realizada. Agora, o antigo iaô que alcançou a categoria de ebômi será colocado juntamente com os da categoria dos sêniores, isto é, na frente. Alguns sinais em suas vestimentas e no modo de se comportar mudaram. Esse filho de santo não mais dançará descalço e nem mais irá agachar-se no intervalo das cantigas. O transe de sua divindade pessoal será mais contido e ocorrerá menos frequentemente.

---

[15] *Xirê* (em iorubá, brincar) é o conjunto de cantos e danças que ocorre nos dias de festa nos terreiros, nos quais todos homenageiam por meio de cantos e coreografias cada um dos orixás, começando por Exu e terminando por Oxalá (Vallado, 2002: 98).

Questionada sobre como percebia os conflitos decorrentes desse rito de passagem, ou seja, quando um iaô passa para a categoria de ebômi, mãe Nair disse que tais mudanças poderiam tornar o adepto arrogante, mais "dono de si", um verdadeiro "ebômi sacolinha", na expressão corrente em alguns terreiros, inclusive naquele a que ela pertencia. Esta última expressão, segundo mãe Nair, relata um comportamento desleixado do ebômi, podendo ele comparecer aos principais eventos religiosos do terreiro na última hora, munido da "sacolinha" que contém seus pertences, não mais se preocupando em permanecer mais tempo a serviço do templo. O ebômi ganhou sua tão esperada liberdade.

Evidente que tal atuação criará conflito, não só em relação aos irmãos de santo, nas suas várias categorias, mas igualmente com o pai ou mãe do terreiro. Durante sete anos ou mais, o ebômi pertenceu à categoria de iaô, submeteu-se aos desígnios de sua divindade pessoal, da divindade patrona do terreiro e de seu zelador de orixá. Agora sente que alcançou mais liberdade e poder. Ouvi histórias infindáveis acerca de filhos de santo querendo "viver" a figura do pai ou mãe de santo, mas em nenhuma delas a questão do "saber iniciático" foi abordada claramente por meus informantes, inclusive por mãe Nair. Ela permaneceu afirmando que a vivência traria a experiência.

O terreiro de mãe Nair

Nessa conjugação de motivos, mãe Nair empreendeu seu objetivo e em pouco tempo seu terreiro já apresentava, pelo menos fisicamente, uma ordem de acomodações que adiantava o percurso que essa mãe de santo seguiria.

Inicialmente sua família de santo foi composta por seus dois filhos mais velhos, uma irmã e dois sobrinhos, portanto membros de sua família consanguínea. Acolheu também em seu terreiro um irmão de santo que a ajudou a plantar os *axés* da casa, visto que nenhum dos outros membros era iniciado no candomblé.

O marido de mãe Nair a ajudava na construção e nos reparos da propriedade que ambos haviam comprado e, vez por outra, tentava interferir na administração do terreiro, o que criava imenso mal-estar entre ambos. Ele chegou, em algumas situações, a ameaçar mãe Nair com o pedido de desquite e exigir a venda do imóvel que, por direito, também era seu. A cada conflito, ela acomodava a situação, mas não conseguia pôr fim à crise em que viviam.

Em pouco tempo o terreiro de mãe Nair já era procurado por algumas pessoas que vinham em busca do jogo de búzios, indicadas por seus familiares. Outras eram trazidas por seu irmão de santo que, vez por outra, a orientava nas questões religiosas que desconhecia. Mãe Nair alegou que, desde que começou a jogar os búzios, teve sempre uma intuição aguçada para dar respostas às questões que seus clientes lhe traziam, o que a legitimava como mãe de santo. Da mesma forma que os clientes surgiam, pouco a pouco a família de santo também crescia.

Além dos problemas corriqueiros com seu marido, mãe Nair deparou-se com o ciúme e a falta de ética de seu irmão de santo, que passou a criar situações embaraçosas para ela diante de seus filhos de santo. Segundo ela, quando não estava presente, seu irmão dizia a seus filhos que ela não tinha competência para dirigir um terreiro e que seus conhecimentos litúrgicos eram mínimos. Não tardou para mãe Nair e seu irmão se desentenderem e ele deixar a casa.

Tão óbvio quanto a disputa de poder entre ambos foi o fato de este irmão de santo passar a demandar contra mãe Nair, fazendo-o não só por meio de magia, na tentativa de desestabilizar a ordem do terreiro, o que era uma temeridade naquela época, mas também pela fofoca e disse que disse entre os amigos de outros terreiros que ambos haviam conquistado.

Os membros do candomblé são sempre subjugados por uma cadeia de forças de naturezas diferentes, incluindo aquelas "sobrenaturais", e se veem constantemente às voltas com demandas de toda ordem, embora o caráter moral e ético pouco condicione a vida desses religiosos (Prandi, 2000). Este contraste permeou desde cedo as relações de mãe Nair com alguns terreiros com os quais estabeleceu laços de amizade. Por isso mesmo ela acabou por afastar-se do que denominou "fraternidade aparente" entre os membros do candomblé.

Mãe Nair confessou que durante meses encontrou despachos na porta do seu terreiro, os quais, segundo uma vizinha sua que assistiu a uma dessas entregas, eram deixados por seu irmão de santo. Contudo, a mãe de santo me disse que jamais revidou os feitiços destinados a ela, alegando ter compaixão do irmão de santo enraivecido.

Se não foi possível desfazer as fofocas do irmão de santo, pelo menos mãe Nair conseguiu neutralizar as magias a ela direcionadas. Nesse sentido, é preciso ter em mente que, nas relações sociais entre os membros do candomblé, o que mais se verifica é falar sempre de qualquer fato ou pessoa, transformando acontecimentos banais em temas inesgotáveis, que se tornam motivo de fofoca e povoam a memória do povo de santo.

Mais do que entender as formas e o funcionamento da memória desses religiosos, é importante compreender que, apesar do tempo despendido nos terreiros com o trabalho ritual, há um outro tempo considerável de ociosidade, em que as pessoas falam muito, de tudo e de todos, dada a estreita relação que acabam mantendo.

Em decorrência desses acontecimentos, mãe Nair viu-se na iminência de buscar ajuda de algum outro pai ou mãe de santo que pudesse orientá-la na condução de seu terreiro.

Na época, não conhecia nenhum sacerdote em quem verdadeiramente confiasse. A opção que lhe restou foi se resguardar ainda mais dos possíveis ataques mágicos vindos de fora e dos assédios que passou a ter de outros sacerdotes, que alegavam ser seus amigos de axé e que ofereciam seus préstimos em troca de uma possível filiação.

Nos três anos que se sucederam, mãe Nair dirigiu o terreiro com muita raça, como ela mesma definiu. Não cessou sua busca por algum pai ou mãe de santo que a acolhesse e em quem confiasse. O terreiro cresceu de maneira expressiva e, naquela época, já contava com 18 filhos de santo, seus "fiéis seguidores", assim por ela chamados. No entanto, ainda não havia iniciado nenhum dos filhos para o orixá; fizera apenas o bori (cerimônia de oferenda à cabeça) a alguns e preparara o enxoval para a iniciação de outros.

O desejo de mãe Nair de encontrar pai ou mãe de santo que a adotasse como filha de santo realizou-se ao participar de um congresso em que foi apresentada a um babalorixá de reconhecida sabedoria e grande prestígio, que, segundo ela, passou-lhe firmeza e legitimidade no que dizia, e que demonstrava ser fiel depositário das velhas tradições nagôs. No seu entender, era ele um pai de santo legítimo, portador das mais puras tradições.

Depois de muitas conversas, mãe Nair convidou o pai de santo, chamado Olujidê, para conhecer o seu terreiro e, principalmente, para ajudá-la em suas aflições. A semana seguinte ao congresso foi escolhida para esse encontro.

Mãe Nair disse que ficara ansiosa com a vinda de seu já considerado pai de santo. Mandou caiar o terreiro, limpar os dois quartos de santo e exigiu dos filhos de santo que estivessem vestidos como se fosse um dia de festa. O marido de mãe Nair, que escutava nossa conversa nesse dia, deixou transparecer sua contrariedade, alegando que a mulher perdera totalmente o juízo quando resolveu tornar-se filha de santo de pai Olujidê.

Contrariada com essa frase, mãe Nair repreendeu o marido, e pela primeira vez presenciei uma discussão entre o casal, na qual, durante quase dez minutos, Lourenço vociferou contra a mulher, escarnecendo de seu trabalho como mãe de santo, chamando-a de louca, presunçosa, e dizendo que aquele terreiro não duraria muitos anos.

Após o marido ter saído da sala, mãe Nair, envergonhada, explicou-me que ele sempre tomava essa atitude apenas por ciúme. Isso ocorria invariavelmente quando da presença de amigos do axé ou mesmo de pesquisadores, já que ela abrira seu terreiro para o mundo acadêmico.

Sem entrar no mérito da situação, pois naquele momento não me cabia julgar, apenas perguntei-lhe como, no caso de uma separação, resolveria a questão da propriedade do terreiro, já que, segundo ela mesma, seu matrimônio fora realizado no regime da comunhão universal de bens. Legalmente o terreiro, isto é, sua base física, pertencia aos dois.

Mãe Nair disse que o terreiro estava resguardado de qualquer contenda por parte de sua família. Disse que, havia dois anos, seu orixá Ogum, em transe, determinara que, caso ela viesse a falecer ou fosse impedida de exercer sua função de ialorixá por qualquer motivo, sua família biológica não poderia vender ou mesmo demolir o terreiro por cem anos a partir daquela data. Claro que isso não tinha qualquer valor do ponto de vista legal.

Explicou que a determinação fora do orixá. Apesar da segurança com que me relatou tais fatos, mãe Nair demonstrou certo nervosismo. Para mim, a situação era completamente inusitada. Sem dar maiores explicações, ela continuou seu relato sobre a mudança do axé de sua casa.

Antes de retomar seu relato, cabe salientar que mãe Nair, durante alguns anos, relacionou-se com o mundo acadêmico, frequentando cursos e participando de vários eventos em que as religiões afro-brasileiras eram o tema discutido. Mulher estudiosa e interessada, mãe Nair abriu as portas de seu terreiro para muitos pesquisadores que a procuraram, mas, diferentemente de alguns dos terreiros tradicionais de Salvador, como o Axé Opô Afonjá ou o Gantois — historicamente pesquisados por acadêmicos —, nunca tivera em seu corpo religioso qualquer um desses estudiosos.

Alegou que, por decisão pessoal, não obstante a insistência de alguns estudiosos, preferira sempre mantê-los afastados da prática religiosa. Em suma, mãe Nair sempre usava de evasivas para confundir o pesquisador. Esta atitude foi por mim percebida e confirmada por ela, quando me disse que havia se divorciado do mundo acadêmico, pois os pesquisadores queriam tomar gratuitamente as coisas do axé e da fé, salvo raríssimas exceções. Baseava-se principalmente nos resultados das pesquisas e nos trabalhos em que ela e seu terreiro foram citados. Talvez o olho do pesquisador, nas palavras da mãe de santo, nunca reproduzisse os fatos da forma como eram relatados. Por várias vezes ela tinha pedido explicações sobre alguns dos trabalhos publicados, não obtendo interlocução.

As novas diretrizes

Embora ressaltando diferenças entre as práticas religiosas desenvolvidas no terreiro de mãe Nair e aquelas vividas em seu terreiro, pai Olujidê deixou ao encargo dela a decisão de abandonar ou não suas antigas formas de atuação religiosa. Em minha análise, após os relatos de mãe Nair, entendi que pai Olujidê defendia ferozmente uma verdade religiosa pautada por suas várias experiências em templos africanos, já que tivera a oportunidade de travar contato com eles, pregando então que a cultura religiosa tradicional africana deveria ser implantada em terreiros brasileiros com seus valores fundamentais, não admitindo que se mantivesse qualquer prática anterior.

Olujidê era também contra reinterpretações, o que poderia ocasionar, como na definição de Liana Trindade, "diferentes sentidos de preservação ou mudança da configuração tradicional de uma dada cultura" (Trindade, 2000: 19-20). O terreiro de mãe Nair deveria passar pelo chamado processo de africanização nos moldes estudados por Prandi (1991).

Abdicar de preceitos e ritos habituais implicava muitas dificuldades. Como pôr em prática a sugestão de seu pai de santo? Mãe Nair tinha em mente que não se abandona o que está contido na memória, pois a todo tempo, no terreiro, se está apelando para a memória religiosa, reinterpretando os mitos e ritos baseados no conhecimento adquirido. Cito a menção de Bastide para esse fato: "os cânticos, as danças, os gestos, as cerimônias e mitos estão inextricavelmente ligados e formam uma única realidade mítica" (Bastide, 1945: 111).

Ao longo de sua narrativa, mãe Nair falou das dificuldades e dos conflitos com os quais conviveu até concordar com a proposição de pai Olujidê. Como uma crente e fiel seguidora dos orixás, assentiu e deixou para trás o aprendido anteriormente. Como escrevi em outro lugar, "o mistério está para ser vivido, sentido, sua forma de aprendizado tem múltiplos caminhos, bastando uma definição de consciência e querer" (Vallado, 1999: 146). Esse era o lema e o dilema da mãe de santo.

Os meses que se seguiram serviram para acomodar a nova situação. Mãe Nair sentiu que os novos rituais eram mais simples, embora tivesse que ter maior empenho em aprender o idioma iorubá para traduzir os textos sagrados. Aprendeu novas fórmulas mágicas, teve que se propor a buscar no mercado de produtos religiosos uma enorme gama de artefatos de toda ordem para tornar viável aquele momento.

Mãe Nair aprendeu tudo com muita facilidade, mesmo com a distância física que mantinha de seu pai de santo: ele residia em outro estado e vez por outra estava na Nigéria. A comunicação era feita principalmente por meio de cartas acompanhadas de algum dinheiro para o pagamento da informação. Entusiasmada com o novo aprendizado das coisas africanas, como ela mesma disse, mãe Nair buscou em outras instâncias novas informações sobre o culto dos orixás. Paralelamente, iniciou três filhos de santo seguindo os rituais ensinados por pai Olujidê.

Pelo seu relato, percebi que, apesar de ter mudado de axé, de ter encontrado o pai de santo que lhe ensinasse e de sentir-se realizada como mãe de santo, mãe Nair continuou tendo atritos com o marido. Os motivos eram os mais variados, mas giravam em torno das atividades do terreiro. Lourenço implicava com os filhos de santo que circulavam pela propriedade, que abrigava no mesmo terreno a casa da família. Outras vezes ele entrava sem se fazer anunciar na sala onde mãe Nair atendia seus clientes com o jogo de búzios, levando-lhe toda sorte de problemas a serem resolvidos.

Certa vez, como foi por mim presenciado, Lourenço interrompeu um ritual de bori, alegando que ele e seus filhos estavam famintos, e nada mais natural que a mãe de santo abandonar as atividades religiosas e servir sua família carnal, ao que a sacerdotisa atendeu prontamente.

Nas investidas inconvenientes de Lourenço, mãe Nair, apesar de se aborrecer, sempre apresentava uma escusa. Além disso, o fuxico borbulhava nos quatro cantos do terreiro. Alguns filhos de santo sentiam-se indignados com as atitudes do marido da mãe de santo; outros praguejavam contra ele; outros ainda, sabedores de que era a mãe de santo quem sustentava financeiramente toda a família, faziam comentários inflamados sobre o fato. Dizia-se no terreiro que nunca houve uma só ocasião, incluída a festa de Ogum, orixá patrono do terreiro, em que o marido da mãe de santo deixasse de criar algum conflito.

De todo modo, os conflitos matrimoniais de mãe Nair, provocados pela intolerância do marido, se refletiram negativamente nas relações cotidianas do terreiro, principalmente naquelas em que a ialorixá teve que ordenar ou delegar alguma atribuição aos filhos de santo. Nessas ocasiões, ela impunha sua vontade com mãos de ferro, disseram-me seus filhos de santo. E não seria de estranhar que tais atitudes fossem sempre acrescidas de certa agressividade e de alguns abusos.

Desde a abertura do terreiro, mãe Nair previra tais situações. Quanto mais perto estava de realizar seu sonho de ser uma mãe de santo conhecida e respeitada, com uma casa repleta de filhos de santo e clientes famosos, mais longe parecia esse objetivo, dado o desgaste das relações familiares que ia ocorrendo diariamente.

Ao lado disso, africanizar a liturgia do terreiro lhe tomou muito tempo, pois ainda recebia ensinamentos de seu pai de santo. Além do mais, tinha que organizar as atividades do templo e dar conta dos problemas que os filhos de santo e os clientes lhe traziam. Mãe Nair disse que procurou sempre usar o bom senso e ser justa em suas ações. Os filhos de santo, na conversa de pé-de-ouvido, não me diziam a mesma coisa.

Assim, o tempo foi passando e mãe Nair ficou cada vez mais dependente dos ensinamentos de seu pai de santo. Mas, três anos após tê-la assumido como filha de santo, ele morreu. Pai Olujidê não deixou sucessor, o que levou ao desaparecimento de seu terreiro. Mãe Nair estava órfã, sozinha outra vez, mas com uma grande família para orientar.

Não somente construiu uma grande família de santo, como também sedimentou na prática todo o aprendizado auferido pelos ensinamentos de pai Olujidê. Ela, na época, se sentia legitimada religiosamente e já despontava nos comentários do povo de santo. Houve sempre um confronto entre suas ideias e as de outros sacerdotes, conforme ela mesma indicava, mas era firme em suas convicções. Se de um lado esses confrontos não lhe foram favoráveis, de outro provocaram sua saída do anonimato. Mãe Nair participou de todo e qualquer evento que tratou de discutir a religião dos orixás. Nessas ocasiões tomava a palavra e invariavelmente antagonizava com sacerdotes e pesquisadores. Para ela isso era um prazer e um meio de divulgar suas ideias e se divertir com o fato, mesmo não levando em conta as inimizades que acabou por conquistar.

Sozinha em seu terreiro, com pouquíssimos amigos no candomblé, mãe Nair debruçou-se na literatura estrangeira especializada no culto aos orixás, na busca de conhecimento. Escolheu essa alternativa como uma opção consciente para substituir a falta de um pai de santo. Como dominava a língua inglesa, foi fácil. Ela acreditou que os livros editados por autores nacionais eram espelhados somente nas experiências vividas em terreiros afro-brasileiros, os quais denominou, em tom jocoso, cópias malfeitas da verdadeira tradição africana.

O que mais me espantava era o fato de constantemente a mãe de santo proclamar a origem africana de seu falecido pai de santo, que era filho de africanos nativos; no entanto, nunca soube me dizer se os pais de pai Olujidê cultuavam ou não os orixás.

Se de um lado mãe Nair procurava legitimar a si e a seu terreiro com esse discurso, de outro cometia uma falha nesse aspecto. E isso surgia quando dizia acreditar que os afrodescendentes tinham mais força religiosa.

Essa força era percebida de um modo muito semelhante àquela a que se referiu Beatriz G. Dantas de que ao africano ou ao afrodescendente é atribuído um poder espiritual maior que o "atribuído a brancos e mulatos, fato que pode ser interpretado como reconhecimento do 'poder dos fracos', poder atribuído aos que estão fora da estrutura formal de poder da sociedade" (Dantas, 1988: 48). O que a mãe de santo não percebia é que, ao acreditar nesse fato, também ela, mulher branca, estaria inserida nessa categoria dos "mais fracos".

Levando em conta o radicalismo de mãe Nair, suas atitudes perante o terreiro também se refletiam em sua proposta. Procurava incentivar os filhos de santo a aprender a língua inglesa, não com o intuito de dar-lhes uma nova ferramenta intelectual, mas sim de induzi-los a ler a literatura sobre os orixás publicada nesse idioma.

Evidentemente a mãe de santo não tornava pública a sua preferência literária, mas fazia-o entre os mais íntimos, inclusive durante nossas entrevistas. Este fator em muito contribuiu para o destino que seu terreiro teve.

À medida que o tempo passou, mãe Nair introduziu modificações rituais no terreiro sem apresentar razões para tais atos, aproveitando-se evidentemente do poder que detinha sobre seus seguidores. Alguns filhos de santo se espantaram, outros se orgulhavam da ialorixá pelo privilegiado conhecimento que detinha. Outros, contudo, simplesmente abandonaram o terreiro.

Perguntando a Paulo de Oxumarê, filho de santo que saíra do terreiro de mãe Nair, os motivos que o levaram a tal atitude, ele contou-me que se sentia inseguro frente a tantas modificações introduzidas por ela. Ele não compreendia qual religião tradicional africana era seguida por mãe Nair, que modificava tanto os rituais à conclusão de cada leitura.

A estrutura religiosa do terreiro de mãe Nair foi se modificando e, em pouco tempo, já se viam práticas africanas pinçadas de documentários ou de simples leituras como, por exemplo, as vividas nos mercados de comércio africanos. Os mercados africanos são acima de tudo locais onde se dá a sociabilidade das pessoas — lá elas vendem, compram e trocam uma gama imensa de produtos —, além de pontos de encontro para dançar e desenvolver outras atividades artísticas. Nos mercados também se encontram os adivinhos que fazem suas previsões a uma fiel clientela.

Contemplando essas formas de convivência, mãe Nair procurou empregá-las em seu terreiro. Não mais chamou as datas comemorativas dos orixás simplesmente de "festas", e sim de "festivais". Imprimiu nessas ocasiões um clima de mercado onde os filhos de santo, amigos e clientes podiam comprar roupas, tecidos, comidas e objetos africanos. Os produtos que comercializava eram trazidos por algum africano de passagem pela cidade. Além disso, aproveitava essas ocasiões para declamar poemas de Ifá e contar mitos a uma plateia atenta.

Questionada acerca dessa atitude, a mãe de santo me disse que aprendera tudo aquilo com pai Olujidê, mais uma vez afirmando sua pura ascendência africana, que também surgia por meio de suas leituras. Certamente era sua intenção aproximar, com autenticidade, as práticas rituais e cotidianas de seu terreiro de uma matriz africana por ela imaginada.

Utilizando-se ou não de um fecundo imaginário em suas atividades religiosas, o que sei é que mãe Nair colheu bons e maus frutos por suas atitudes: esforçou-se sobremaneira para salvaguardar em seu terreiro uma tradição africana julgada pura e posicionou-se contra todo aquele que rompesse com suas determinações no terreiro. Com isso perdeu adeptos insatisfeitos com suas atitudes e ganhou outros que viam nela uma fonte de saber. Do lado de fora do terreiro, conquistou poucos amigos e muitos inimigos.

Em virtude dessa trajetória, rompeu com o cotidiano de sua família secular, passando a se dedicar única e exclusivamente às atividades do terreiro. Contou com prestígio e com uma clientela fiel que lhe rendeu bons resultados financeiros. Entretanto, o número de filhos de santo reduziu (o que para ela nada significava) e os conflitos com o marido se acirraram consideravelmente.

Se esses conflitos foram ou não a causa da enfermidade que tomou conta de Lourenço, ninguém saberá; o que se sabe é que o marido de mãe Nair adoeceu da mesma causa que o levara a aposentar-se anos antes. Os exames clínicos indicaram que Lourenço não sobreviveria, e assim aconteceu. Dos resultados dos exames até sua morte passaram-se oito dias, o que deixou a mãe de santo perplexa, pois o jogo de búzios não a prevenira sobre o fato, ela disse.

Seus filhos carnais a acusaram de negligenciar a morte do pai tanto como esposa quanto como sacerdotisa. Refutaram a ideia de que o oráculo não lhe dissera nada, já que todo tempo e em qualquer circunstância ela o consultava para fazer previsões sobre questões familiares.

Mãe Nair sentiu-se traída por seus filhos carnais; afinal, era ela que, com seu trabalho no terreiro, há muito tempo sustentava a família. Sua revolta deu-se principalmente em função dos filhos saberem o quanto o marido manifestava-se contra o seu trabalho, embora todos usufruíssem de absolutamente tudo o que ele proporcionava. A consciência sobre esses fatos deflagrou um conflito ainda maior com seus filhos. Ela não entendia o porquê de tanta revolta.

Para ela era imperativo o entendimento dessa questão pelos filhos, já que eram todos iniciados no candomblé e deveriam compreender que não houvera falha divina, mas que Orunmilá, deus da adivinhação, só revela o que decide revelar e não a totalidade daquilo que se quer saber. Mas tais palavras foram em vão e, daí por diante, as desavenças só aumentaram.

Ao final do velório do marido, mãe Nair resolveu entoar cânticos fúnebres próprios a esse momento conforme a lei do povo de santo, mas foi interpelada por seu filho mais velho. Ele alegou que o pai não pertencia ao candomblé e nem tampouco nutria qualquer simpatia pela religião. A mãe calou-se, respeitando a decisão do filho.

No cemitério, mãe Nair quis que os filhos de santo carregassem o féretro nos ombros até o jazigo da família, caminhando um pouco e dando três passos para trás e dois para a frente, como é costume nos enterros de pessoas ilustres do candomblé (ver Santos, 1988). Novamente um de seus filhos a interpelou, pondo-se à frente do cortejo e proibindo, aos berros, tal ocorrência.

Mãe Nair acompanhou o enterro mas não permaneceu até o final do sepultamento do marido, retornando em companhia de seus filhos de santo. Confessou-me que, naquele momento, temeu pelo surgimento de um conflito com seus filhos biológicos, maior do que aquele vivido com o marido durante o tempo em que estiveram casados. E não sem razão, era esse seu pensamento. Ao chegarem em casa, seus filhos alegaram que ela não derrubara uma só lágrima pela perda do marido, preocupada que estava em fazer apenas rituais religiosos. A ialorixá não respondeu à provocação, recolhendo-se ao silêncio.

Esses fatos tiveram grande repercussão no terreiro. Em outras palavras, o fuxico, a fofoca e os julgamentos sobre os atos dos filhos biológicos da mãe de santo tornaram-se o tema predileto das conversas. No entanto, mãe Nair pareceu ter passado incólume por tudo aquilo, pois, no dia seguinte, já estava desempenhando suas funções novamente.

Seus filhos a repreenderam, alegando estarem de luto e que o terreiro deveria permanecer fechado até a missa de sétimo dia. Desta vez mãe Nair reagiu com a fúria típica dos filhos de Ogum. Aos berros vociferou contra os filhos, chamando-os de parasitas e dizendo que daquele dia em diante não mais os manteria. Isso significou dizer que não custearia os estudos, tampouco qualquer outro desejo pessoal de cada um. Disse-lhes que procurassem um trabalho para se manterem e que acabara o dinheiro fácil saído do "baú da felicidade", remetendo à lembrança do apelido recebido de sua iniciadora na religião.

A objetividade de sua atitude amedrontou os filhos, que abandonaram rapidamente a ideia de realizar uma missa pela alma do pai falecido, assim como pararam de implicar com seu retorno às atividades religiosas do terreiro.

Mãe Nair foi firme em sua decisão, e em pouco tempo seus dois filhos mais velhos estavam trabalhando em empresa, embora tivessem abandonado suas funções religiosas no terreiro. Os outros dois filhos, ainda adolescentes, seguiram à risca as determinações da mãe, que se mantivera reticente no seu ponto de vista, procurando colaborar com ela em todas as atividades do terreiro. Foi dessa forma que mãe Nair, solitária, pôde encarar os conflitos com sua família consanguínea por mais algum tempo.

Houve muitos conflitos familiares até o casamento de seu filho mais velho, que abandonara o cargo de axogum (sacrificador de animais) do terreiro. Ele sempre enfatizava a culpa da mãe pela morte do pai e influenciava, desta forma, seus outros irmãos a pensarem o mesmo.

Mesmo antes do casamento do filho, mãe Nair em muito já perdera o controle da situação familiar, bem como fora abandonada por muitos filhos de santo que acabaram, sem dúvida nenhuma, estremecidos pelo fato de não suportarem as constantes brigas familiares que se estendiam ao cotidiano do terreiro.

A mãe de santo não tinha dúvidas sobre a ocorrência desse fator e, além disso, já havia se distanciado das atividades sociais, religiosas e intelectuais fora do terreiro que, de alguma maneira, preenchiam-lhe a vida. Viveu longo tempo somente a atender seus clientes e dar uma ou outra obrigação para os orixás dos filhos de santo.

Certo dia seus filhos carnais pediram-lhe que fizesse o inventário dos bens deixados pelo pai, exigindo que distribuísse tudo entre eles, o que incluía a propriedade onde estava o terreiro. Novamente outra grande discussão. Mãe Nair negou-se a dividir com eles a propriedade, advertindo-os de que só o faria com usufruto em seu benefício. Quanto aos outros bens, o faria sem maior recusa. Um longo processo se estendeu e a mãe de santo conseguiu seu intento.

A propósito, mãe Nair nunca abandonou a ideia de tornar seu terreiro uma "terra africana", como sempre me disse. Suas leituras e investigações continuaram numa dialética que parecia fundamental. Mãe Nair resolveu não conviver mais com o povo de fora, conforme definiu, mas jamais se alijaria do estudo da religião dos orixás. Ela acreditava ter contribuído com seu trabalho intelectual para esclarecer as dúvidas de quem a procurava; acreditava também ter produzido material invejável e até já via com melhores olhos a literatura religiosa de autores nacionais.

Diante desse seu propósito, a situação familiar continuou insustentável. Poucos anos depois, mãe Nair estava sozinha na propriedade, pois seus filhos carnais resolveram deixar o terreiro. Nesse tempo ela contava com poucos filhos de santo, o que lhe provocou imensa solidão, acostumada que estava com o "burburinho de mercado" — como dizia com orgulho quando falava do terreiro. Não conseguiu levar adiante seus propósitos e acabou por fechar o templo, continuando apenas a atender alguns clientes que lhe davam o sustento.

Embora a propriedade fosse grande e mãe Nair vivesse praticamente sozinha, em nenhum momento pensou em abandoná-la, pois deveria cumprir os desígnios de Ogum: por cem anos, nem nada nem ninguém destruiria o terreiro.

Enfim, o dia a dia em casa de mãe Nair revela sempre a necessidade de esforços por parte de muitos para o restabelecimento de um equilíbrio na relação entre as pessoas, que é sempre difícil, tensa e conflituosa. Isso, contudo, não é exclusividade do terreiro desta mãe de santo, mas tende a ser regra geral e, por isso mesmo, o caso do templo desta ialorixá pode ser pensado como representativo do universo do candomblé. De fato, a trajetória aqui apresentada é uma construção a partir de fatos observados em muitos e muitos terreiros em diferentes regiões do Brasil.

Além das dificuldades internas de cada templo, há uma competição declarada entre os terreiros, uma verdadeira guerra, em que estão evidentes menos os conhecimentos doutrinários e mais os de caráter ritual, se não pessoal. Apesar disso, vale dizer que os terreiros de candomblé, quer estejam unidos, quer sejam rivais, estão intrinsecamente atados a uma mesma trajetória cultural de que participam consciente ou inconscientemente: a aventura da reiteração permanente da civilização africana no Brasil (Bastide, 2001: 70).

Se o cotidiano é conflituoso, mais ainda é a sua interrupção. Quando, por exemplo, morre o chefe de um terreiro, o encaminhamento de sua sucessão não é menos problemática.

CAPÍTULO IV

SUCESSÃO

A questão da sucessão nos terreiros de candomblé brasileiros suscita invariavelmente significados que não são somente aqueles expressos pela morfologia da palavra "sucessão", ou seja, a "transmissão de direitos e/ou encargos, segundo certas normas" (Ferreira, 1994: 614), a um sucessor. Trata-se, portanto não somente de um processo em que se herdam direitos e encargos, mas que implica todo um movimento dentro da complexa hierarquia do terreiro, em que a escolha do sucessor vai determinar se haverá ou não continuidade do templo. Costuma-se dizer que sucessão, no candomblé, é guerra.

São históricas as guerras entre os membros de terreiros tradicionais, como a Casa Branca do Engenho Velho em Salvador, Bahia, em que disputas acirradas levaram a rupturas e consequentemente à criação de novos terreiros.

Um jogo de poder em que alianças e seu contrário são mais do que explicitados. Como em tudo o que ocorre no candomblé, a sucessão também faz parte de um ritual em que o jogo de búzios é consultado e a mensagem do orixá patrono do terreiro é interpretada pelo encarregado do jogo. É diferente, portanto, de uma eleição democrática, em que a decisão de um grupo é levada em consideração. Acrescenta-se que nem sempre a decisão do jogo de búzios é respeitada, pois são muitos os interesses e as pressões que entram na disputa.

A sucessão cria expectativas no grupo. Inflamam-se as opiniões, a ordem é quebrada e restabelecida com muitas exclusões e outras tantas inclusões. O grupo espera do eleito um comportamento suportável e nada tirânico, já que, no candomblé, os pais e mães de santo são historicamente conhecidos por esse caráter de governar com "mãos de ferro". Em contrapartida, aquele que ascende ao poder está em uma situação em que sua legitimidade vai depender muito da sua capacidade, não só religiosa como política, de administrar as vontades divergentes e restabelecer a ordem.

O momento da morte do líder emblematicamente representa o caos para o grupo, que é completamente dependente de sua autoridade máxima, tanto religiosa quanto política, e se vê subitamente sem a pessoa que proporciona o existir dinâmico do terreiro.

Por outro lado, como essa "eleição" ocorre sem participação direta dos filhos de santo, a responsabilidade pelo processo sucessório recairá diretamente sobre aquele que interpretou a mensagem da divindade.

Aliás, não é só este um fator marcante nesse processo caudaloso. Algumas vezes, na tentativa de garantir a unidade do grupo, o sucessor é escolhido durante a vida do sacerdote-chefe. Em muitos casos, ainda em vida, o pai de santo faz com que a escolha recaia sobre algum membro de sua família secular, que esteja inserido ou com aspiração a fazer parte do grupo religioso, tendo em vista que também há questões de bens materiais envolvidos — em geral a propriedade em que se localiza o terreiro. Os efeitos desta escolha *in vita* do sucessor podem levar ao conflito no terreiro, com a alegação de que houve negligência na determinação, visto que os filhos de santo apostam em uma escolha tão somente após o falecimento do sacerdote-chefe.

Relato a seguir um caso de sucessão ocorrido em um terreiro de candomblé de São Paulo a fim de elucidar como este processo se dá em sua complexidade de manifestações.

Sucessão na casa de Pai Lauro de Obaluaê

Ainda adolescente, pai Lauro de Obaluaê foi iniciado na década de 1960 em um terreiro do Rio de Janeiro, para o orixá Iansã. Esse terreiro pertencia à nação de angola-xambá,[16] onde, além do orixá dono da cabeça, pai Lauro recebia em transe um preto-velho de nome pai Joaquim.

No começo dos anos 1970, pai Lauro mudou-se para a capital de São Paulo, vindo juntar-se às duas irmãs que lá residiam. Buscando acercar-se do povo de santo paulista, conheceu pai Jair de Odé, com quem se iniciou novamente, agora para o orixá Obaluaê. Seu novo pai de santo tinha um terreiro que seguia o rito queto baiano. No entanto, ao trocar de axé, pai Lauro teve seu orixá de cabeça mudado e passou a receber em transe também o Caboclo Sete Montanhas.

É importante frisar que este pai de santo não abandonou o culto a Iansã, que seguiu sendo o orixá *adjuntó* (segunda divindade de pertença) de Obaluaê.

---

[16] "Xambá é antiga nação de candomblé, hoje praticamente extinta, que teria se formado no estado de Alagoas até os anos 20, de origem predominantemente iorubana. Sua quase extinção se deve à forte perseguição policial que os candomblés ou xangôs sofreram nos anos 20. Algumas casas migraram para o Recife, aonde vieram a se refundir com nações locais, formando a nação atualmente denominada nagô pernambucano" (Prandi, 1991: 250).

Tampouco deixou de receber pai Joaquim, seu preto-velho, que passou a tomar sua cabeça somente uma vez ao ano, precisamente a 13 de maio, quando se comemora nos terreiros de umbanda brasileiros o dia do preto-velho, em função da data alusiva à libertação dos escravos.

Sobre este fato, utilizo as palavras de Mary Douglas, que, ao descrever o significado de alguns rituais, disse que "o ritual permite, assim, concentrar a atenção, na medida em que fornece um quadro, estimula a memória e liga o presente a um passado pertinente" (Douglas, 2000: 81). Não sem razão, a experiência vivida por esse antepassado mítico, no olhar dos umbandistas, merece agora fervorosa comemoração, já que muitos pagaram com a vida o sofrimento que receberam no cativeiro e ainda retornam, em transe, para ajudar os necessitados.

Na nova realidade religiosa, pai Lauro mudou-se para uma casa alugada na zona oeste da cidade, onde abriu seu terreiro, modestamente instalado. Mesmo pertencendo à nação queto, ele manteve o ritual de umbanda, à qual chamou de umbanda cruzada, significando que nos seus rituais desciam em terra espíritos de caboclos, pretos-velhos e baianos, mas já se percebiam traços do candomblé. Estes apareciam nos panos da costa enfeitando as saias das filhas de santo, nos colares que identificavam os orixás aos quais elas pertenciam e no uso do *adjá* (sineta ritual). O orixá de pai Lauro não o possuía nas sessões de seu terreiro, apenas no templo de pai Jair de Odé.

Lentamente pai Lauro foi ajustando os rituais do terreiro ao que aprendera com seu pai de santo. Depois do recebimento de seu *decá*, no ano de 1977, o que o tornou, de fato, um babalorixá, passou a iniciar na nação queto seus primeiros filhos de santo. Com o assento de nova liturgia, pai Lauro teve que se adaptar às novas formas de relacionamento com seu grupo de culto. No entanto, como disseram seus filhos de santo mais antigos no terreiro, tudo dependia do seu humor. Pai Lauro tinha uma personalidade instável, brigava por qualquer motivo, para reatar em seguida as relações rompidas; assim, pude perceber que a administração do terreiro foi desde sempre muito tumultuada.

Conforme aponta Vivaldo da Costa Lima, "é um privilégio da liderança delegar poderes e fazer-se representar" (Costa Lima, 1977: 79). No entanto, no caso estudado, a fragilidade das relações entre pai e filhos de santo tornou a hierarquia do terreiro permeável e débil às intempéries do chefe religioso.

Em 1985, pai Lauro mudou-se para outro imóvel alugado, contando, desta feita, com a ajuda de suas duas irmãs e de seus sobrinhos, além dos filhos de santo que o acompanhavam. O pai de santo fez reformas substanciais no imóvel com o intuito de melhor abrigar os assentos das divindades, bem como construiu um novo quarto que serviria de clausura para os iniciados.

Os anos se seguiram com muitos conflitos que trouxeram ao grupo muitas rupturas, mas também muitas adesões. Ao longo desse tempo, o babalorixá estabeleceu forte relacionamento com a comunidade acadêmica paulista, que passou a frequentar seu terreiro regularmente. Este fator foi preponderante para legitimá-lo como sacerdote, além de lhe permitir acumular alguns bens materiais. Prestava serviços religiosos e mágicos a um grupo de clientes pertencentes a vários círculos sociais privilegiados da cidade.

Segundo informantes, os bens realmente foram acumulados por pai Lauro, mas uma parte deles sempre esteve destinada ao sustento de irmãos de santo vindos de outros locais, que se encontravam desempregados e que se hospedavam no seu terreiro com o objetivo de colaborar nos rituais em troca de estadia e comida. Além desses atores, também a família consanguínea do sacerdote vivia em grande parte às suas expensas.

Ora, são de se imaginar os conflitos que surgiam no grupo quando esses assuntos eram tratados publicamente, nos momentos de ira de pai Lauro. Seus filhos de santo me disseram que, quando ele percebia que estava sendo usado por alguém para algum propósito escuso, colocava essa pessoa a pontapés na rua, para em seguida fazer algumas preleções aos que ali permaneciam. Como já disse, as intempéries do pai de santo não demoravam a passar e tudo retomava seu caminho, sempre regado com muita festa e cerveja, da qual ele era fã incondicional.

Em 1989, pai Lauro reformou pela segunda vez o terreiro, ampliando-o ainda mais para, em seguida, comprar o imóvel por uma quantia bastante acessível. Para isto foi ajudado por alguns filhos de santo e por clientes financeiramente bem situados.

Em 1990, o sacerdote iniciou para o orixá seu sobrinho carnal Alex de Xangô e este, a partir daí, adotou uma postura arrogante. Tinha a pretensão de ser o herdeiro legítimo do templo, provocando desentendimentos na família de santo. Este fato temperou ainda mais as conversas e fuxicos que ocorriam no terreiro de pai Lauro.

Por várias vezes o pai de santo interveio, ora contra as atitudes desmedidas de seu sobrinho, ora a favor delas. O resultado das intervenções era sempre o mesmo: pai Lauro primeiramente explodia em ódio para depois se acalmar e deixar que tudo permanecesse igual.

Há um outro lado nessa história. Abordando os filhos de santo remanescentes no terreiro acerca das atitudes de Alex de Xangô, concluí que o babalorixá via no rapaz a possibilidade de sua obra religiosa ser continuada.

No entanto, em 1997, Alex descobriu que era portador do vírus HIV, após o falecimento de seu companheiro, que fora acometido dessa enfermidade e tivera morte repentina. Meses antes desta triste descoberta, o sobrinho de pai Lauro havia recebido o *decá* de suas mãos, piorando em muito o seu relacionamento pessoal e, por que não, religioso com seus irmãos de santo, por sua nova posição na hierarquia do terreiro.

Após a descoberta da enfermidade, e visto que a relação entre tio e sobrinho não estava equilibrada, Alex de Xangô se revoltou e passou a culpar o tio por haver contraído a doença. Dizia que o tio teria feito algum preceito errado em sua obrigação de sete anos e que, por isso, havia sido castigado pelos orixás com essa doença. Pai Lauro rebateu as acusações do sobrinho, acabando por expulsá-lo do terreiro, causando uma ruptura profunda com sua família carnal, pois as duas irmãs, uma delas a mãe e a outra a tia do rapaz expulso, tomaram as dores deste. O pai de santo ficou sozinho no terreiro, sem a presença de sua família consanguínea.

Alex criou muita polêmica sobre a forma como adquirira o vírus HIV, o que trouxe muita fofoca para o povo de santo. Uma delas foi acusar o tio de, durante seu transe com Xangô, haver injetado em seu corpo sangue contaminado com o vírus. Durante algum tempo o pai de santo foi vítima de acusações e de escândalos familiares à porta de sua casa, algumas vezes em dias de festa, nos quais Alex de Xangô insistia em tentar entrar no terreiro para provocar o tio e todo o grupo religioso. Em muitas ocasiões os ogãs tiveram que impedi-lo de descer as escadas que levavam ao barracão.

Nessas ocasiões, ao contrário do que se esperava, pai Lauro mantinha-se calmo e desmerecia a presença do sobrinho ou então de um ou outro familiar que ao terreiro comparecia. Na verdade, ele estava cercado de pessoas influentes que tinham por ele grande afeto.

Nessa mesma época, o pai de santo fez a terceira e grande reforma nas instalações do terreiro. Construiu uma nova residência para ele dentro dos limites do terreiro, assim como uma nova cozinha de santo. Em meio à reforma e ao rompimento com seu sobrinho, pai Lauro adoeceu, descobrindo estar padecendo de diabetes. Não disposto a seguir prescrições médicas, o babalorixá foi perdendo o controle sobre a enfermidade. Ficou gradativamente surdo, adquiriu catarata e padecia de dores nas pernas que quase o impediam de exercer suas atividades religiosas.

Em meio a tudo isso, pai Lauro sentiu-se atormentado e procurou orientação junto a seu pai de santo, que não o acolheu como ele esperava. O sacerdote rompeu com pai Jair de Odé, começando a frequentar a casa de pai Décio de Exu sem estabelecer ligação de axé com a casa deste sacerdote, pois não realizara nenhuma obrigação para seu orixá Obaluaê pelas mãos deste pai de santo.

Ou, como diz o povo de santo, pai Lauro não "tirou a mão" de seu antigo pai de santo. O relacionamento pessoal e religioso entre ambos foi tranquilo até o falecimento de pai Décio no final da década de 1990.

Cabe lembrar que pai Lauro tinha grande desejo de filiar-se a um tradicional terreiro de candomblé de Salvador, pois, segundo sempre dizia a seus filhos de santo, o dia mais alegre de sua vida seria aquele no qual Obaluaê dançaria ao lado da mãe de santo que ainda comanda aquele centenário terreiro baiano. Mas não teve tempo de realizar seu sonho.

Novamente pai Lauro viu-se às voltas com a busca de um novo axé ao qual se filiar. Acostumado a frequentar diversos terreiros em outros estados brasileiros, não foi difícil aproximar-se de pai Paraná. Este babalorixá, que dirige uma roça de candomblé no Rio de Janeiro, é importante e tradicional liderança no candomblé brasileiro.

Pai Lauro também não "tirou a mão" com esse pai de santo, preferindo que suas obrigações rituais continuassem sendo comandadas por ogãs de seu próprio terreiro. Esta atitude denotava, segundo o que se diz no candomblé, a falta de confiança no sacerdote que "poria a mão em sua cabeça". No entanto, essa afirmação foi negada pela mãe-pequena da casa de pai Lauro, garantindo que ele não "tirara a mão de sua cabeça" pois mantinha laços afetivos com pai Jair de Odé, que o iniciara para Obaluaê.

De todo modo, não se deve perder de vista que pai Lauro garantiu para si autonomia, pois não devia mais satisfação de seus atos religiosos, não só a pai Jair de Odé como a nenhum outro sacerdote.

Soube durante a pesquisa que pai Jair causava temor no povo de santo. Também era conhecido pelo apelido *Odé do Pó*, por usar poções mágicas na forma de pós que eram obtidos pela utilização de ossos humanos, chifre e casco de pata de veado, teias de aranha, fetos de animais etc., conforme diziam as más línguas. Era melhor mantê-lo próximo, sem conflitar-se com ele, do que tê-lo a distância como inimigo.

Os filhos de santo de pai Lauro acusavam o antigo avô de santo, Odé do Pó, de haver deliberadamente demandado contra seu pai de santo, para que não conseguisse restabelecer um relacionamento familiar sadio e para estar cada vez mais doente. Daí sua dificuldade em administrar o terreiro. Pai Lauro rebatia as acusações, mesmo que fossem apenas para acalmá-lo em seus momentos de depressão, que agora ocorriam sistematicamente.

Não sabendo lidar com estas questões, pai Lauro foi se isolando no terreiro e se afastando da vida pública, principalmente não comparecendo a festas em outros terreiros. No entanto, seguia fazendo grandes festas em seu templo e, pela quarta vez, principiou uma reforma nas instalações para melhor abrigar pessoas e realizar rituais.

Enquanto isso, seu sobrinho Alex de Xangô, já investido na categoria de ebômi, abriu seu próprio terreiro, uma afronta aos olhos de pai Lauro. Mesmo mantendo seu terreiro, Alex alegava ser o herdeiro natural do terreiro do tio, provocando o ódio incontrolável deste.

Tanto o povo de santo falou e tanto opinou sobre a relação nada amistosa entre tio e sobrinho, que esta acabou numa "guerra", envolvendo a família secular de ambos e o povo de santo que os rodeava. Segundo me informaram, nessa época não se sabia quais eram os amigos e os inimigos verdadeiros de ambos; o importante era debater o fato nas rodas de conversa do povo de santo.

Ouvi também que, naquele tempo de "guerra", tanto pai Lauro, acometido de diabetes que já lhe produzia sequelas físicas, quanto pai Alex, acometido pelo vírus HIV, não se voltavam para cuidados efetivos de seus males.

Em outubro de 2001, já com a reforma no terreiro quase totalmente concluída — apesar de já falar em comprar um terreno maior para a construção de um novo templo —, pai Lauro resolveu reinaugurar o templo com uma grande festa para Obaluaê.

A essa festa compareceram os filhos de santo atuantes no terreiro e aqueles que há tempos não compareciam aos rituais cotidianos da casa. Além destes, o babalorixá convidou a "aristocracia" do candomblé paulista, carioca e baiano. Assistindo a vídeos do evento, notei a presença de muitos e importantes sacerdotes; observei que todo o ritual foi comandado por pai Pedro de Xangô, que dirige um grande templo num município da região metropolitana de São Paulo e foi iniciado no Axé de Oxumarê, tradicional terreiro localizado na capital baiana.

Na semana seguinte, pai Lauro recolheu cinco abiãs para serem iniciados, e mais uma vez uma grande festa ocorreu no terreiro por ocasião da saída deles.

No mês seguinte, pai Lauro, acompanhado de um ogã, viajou para o Rio de Janeiro para uma festa no terreiro de pai Paraná. Foram vítimas de um acidente automobilístico na Via Dutra. O babalorixá faleceu imediatamente. Seu acompanhante nada de mais grave sofreu.

Como o povo de santo disse: foi ironia do destino. Tanto os filhos de santo cuidaram para que o diabetes que o acometia não o consumisse que ele acabou por morrer vítima de um acidente. Pai Lauro tinha 56 anos.

Conforme a lei do santo, no ato do falecimento de um iniciado algumas providências são tomadas para libertar o *egum* do corpo físico do falecido, além de desprender o orixá do *ori* (cabeça) de seu *elegum* (aquele que é possuído em transe). Pai Paraná foi chamado para presidir o ritual; não podendo comparecer, enviou dois ogãs para realizar o rito. Esses atores criaram atritos desde logo com os filhos de santo de pai Lauro, em virtude das inúmeras exigências, incluindo aquelas de caráter pessoal, que passaram a fazer desde a chegada.

Na verdade, a família de santo de pai Lauro viu-se diante de duas situações peculiares. Tinha que realizar o ritual imediatamente, com o corpo presente, devendo obedecer às regras rituais que compunham o ato. Tinha que suportar as autoridades enviadas por pai Paraná, que, em seu nome, cobraram uma quantia razoável para o serviço religioso, além de desejarem um tratamento diferenciado no que dizia respeito a hospedagem, alimentação, transporte etc. Diga-se aqui que este ritual é realizado em no máximo duas horas. Os ogãs de pai Paraná permaneceram hospedados no terreiro de pai Lauro durante quatro dias.

Não bastasse o problema, os filhos de santo viram-se diante de um quadro que muito poucos imaginaram que pudesse ocorrer. No velório do babalorixá, seu sobrinho, pai Alex de Xangô, compareceu trajando roupas rituais que combinam com a categoria de pai de santo, mas inadequadas para um velório, dizendo a quem quisesse ouvir que estava ali como sucessor legítimo de pai Lauro. A família biológica do falecido acompanhou pai Alex e em nenhum momento o interpelou por sua atitude.

Pai Lauro, apesar de ter uma personalidade difícil, era muito querido por todos, e a seu enterro compareceu um sem-número de pessoas entre amigos, clientes, povo de santo, filhos e ex-filhos de santo.

Dias depois do enterro, chegou no terreiro a notícia de que pai Alex teria procurado pai Paraná com o intuito de induzi-lo a confirmá-lo na posição almejada de sucessor de pai Lauro, bem como ajudá-lo na retomada do terreiro, devendo realizar antes as cerimônias de axexê.

É preciso dizer que pai Lauro era solteiro, não tinha filhos biológicos, tampouco alguma relação afetiva; portanto, suas duas irmãs, uma das quais mãe de Alex, eram as herdeiras legais dos bens materiais.

Em várias oportunidades pai Lauro foi alertado desse fato. Rodeado por pessoas conhecedoras das leis brasileiras que abrigam os casos de herança familiar, foi aconselhado a tornar a casa de Obaluaê uma fundação sem fins lucrativos. Ele evitava falar no assunto, pois, segundo declarava, acreditava que, mesmo padecendo de diabetes, não morreria tão cedo. Morreu intestado.

A partir de sua morte criou-se uma disputa declarada entre a família de santo, defensora do axé plantado pelo babalorixá, e a família civil proprietária virtual de todos os seus bens. Agravante maior era ter um filho de santo nesta família.

Passados sete dias de seu falecimento, os filhos de santo reuniram-se para deliberar acerca de quem realizaria o ritual do axexê de pai Lauro. Depois dos últimos fatos ocorridos, o grupo resolveu dispensar os serviços religiosos de pai Paraná e chamar pai Pedro de Xangô.

A família de santo se reuniu novamente e juntou o dinheiro necessário para a realização do primeiro axexê. Pai Pedro alegou a necessidade da realização de três axexês, ou seja, aos 21 dias, no sexto mês e um ano após a data da morte de pai Lauro.

Para administrar o terreiro até que se resolvesse a sucessão, o conselho das pessoas mais graduadas do terreiro escolheu a mãe-pequena Silvia de Nanã, que deveria ser ajudada pelo iaô Nando de Ogum. Nando contava com apenas seis anos de iniciado mas, nos últimos tempos, tinha se sobressaído na ajuda que prestava ao pai de santo nos rituais cotidianos. Juntos eles deveriam gerenciar administrativa e religiosamente as atividades do terreiro, enquanto durasse o interregno e se resolvesse a peleja entre a família de santo e a família civil de pai Lauro.

Mãe Silvia de Nanã era dedicada e fiel a pai Lauro, e foi sempre submissa a ele. Quando havia necessidade de posicionar-se à frente de alguma situação conflituosa, ela se omitia e esperava que o pai de santo tomasse as atitudes necessárias, mesmo ocupando o cargo de mãe-pequena — o que significa ser a segunda pessoa na hierarquia de mando do terreiro. Mas, quando ostensivamente provocada, tomava atitudes impetuosas e impensadas, criando por vezes divisões de opiniões entre os filhos de santo e colaborando para intensificar o conflito. Pai Lauro muitas vezes brigava com ela, que se afastava do terreiro até que os ânimos serenassem.

Nando de Ogum era casado com Selma de Obá. Mulher de personalidade forte e decidida, era uma filha de santo presente em todas as atividades do terreiro e contava com a confiança pessoal de pai Lauro. Ambos formavam uma família de cinco pessoas filiadas a esse terreiro, sendo que um dos filhos do casal já era confirmado ogã da Iansã de pai Lauro. Dos cinco abiãs que o babalorixá iniciou antes de morrer, dois eram filhos do casal.

Em princípio, tanto a mãe-pequena quanto o iaô trataram de se unir para levar adiante os propósitos do pai de santo falecido. Cuidaram da realização do primeiro axexê, o que transcorreu com tranquilidade, não fosse a presença constante de pai Alex de Xangô, afirmando sempre ser o verdadeiro herdeiro.

Na tentativa de acalmar os ânimos, pai Pedro, após a realização do primeiro axexê, procurou a família civil de pai Lauro e a persuadiu a deixar a condução do terreiro nas mãos da família de santo, enquanto durasse o luto de um ano pela morte do pai de santo. A família concordou, para desconforto de pai Alex, embora já tivesse decidido pela venda do imóvel após esse tempo.

Aconselhados por pai Pedro, que consultou o jogo de búzios, os filhos de santo acataram a decisão de Obaluaê de que todas as quartas-feiras, enquanto durasse o luto, fariam *amalá* (comida feita à base de quiabo) a Xangô, com a presença de todos os filhos da casa. Esse ritual poucas vezes contou com mais de dois ou três filhos de santo; afinal, faltava um líder que o conduzisse.

A mãe-pequena havia recebido o jogo de búzios por ocasião de seu *decá*, passando a atender a clientela que ainda procurava o terreiro. Quando algum ritual era recomendado pelo oráculo, ela era auxiliada em sua realização por Nando de Ogum. No entanto, a rivalidade entre ambos surgiu rapidamente. Nando alegou perante os irmãos de santo que, apesar de ainda ser iaô, detinha o jogo de búzios por deferência do Obaluaê de pai Lauro. Não havia testemunhas desse fato, mas, de qualquer forma, criou-se polêmica no grupo.

De um lado juntaram-se os seguidores de mãe Silvia e de outro aqueles que passaram a apoiar Nando de Ogum, vendo nele um líder nato, diferente da mãe-pequena que sempre permanecera omissa. A mulher de Nando continuava presente em todas as atividades do terreiro, como que a vigiar os passos de mãe Silvia, que se sentia muito incomodada.

Em meio a essa polêmica, foi realizado o segundo axexê do morto. Pai Pedro tirou a mão-de-vumbe[17] de mãe Silvia e de Nando de Ogum, para que pudessem realizar o ritual nas cabeças dos outros iniciados. Depois disso, formaram-se definitivamente dois grupos distintos entre os filhos de santo, já que, com essa prerrogativa, Nando achou-se no direito de assumir a liderança do terreiro em detrimento da autoridade da mãe-pequena. Mesmo assim, mãe Silvia tirou a mão-de-vumbe da maior parte dos filhos de santo, inclusive de alguns do grupo de Nando de Ogum.

Contrariado, Nando de Ogum passou a frequentar assiduamente a casa de pai Pedro, buscando conhecimento ritual, e estabeleceu também uma aliança com o sobrinho do falecido, comparecendo este amiúde ao terreiro do tio, o que fez com que as pessoas que o repudiavam se afastassem definitivamente.

Deliberadamente, Nando trocou os segredos das fechaduras dos quartos de santo, não dando à mãe-pequena cópia das chaves. Mãe Silvia foi barrada no acesso aos locais mais importantes do terreiro.

Mãe Silvia sentiu-se obviamente marginalizada. Tentando reagir, procurou pôr fim às visitas desagradáveis de Alex de Xangô, mas não teve sucesso. Ele

---

[17] Chama-se "tirar a mão-de-vumbe" o ritual onde é retirada da cabeça do iniciado a mão do pai de santo falecido.

já contava com a cobertura da outra facção. Naquele momento, praticamente todo o grupo restante de filhos da casa estava contra as ações de Nando de Ogum, chamando-o de "grande canalha". Mas era ele que de fato mantinha o controle.

Foi então que Nando de Ogum propôs às irmãs herdeiras a compra do imóvel do terreiro. Elas aceitaram a proposta, entregando-lhe documento preferencial de compra, deixando claro também que não queriam que pai Alex tomasse posse da propriedade.

De posse do documento, Nando reuniu os irmãos de santo e expôs o fato. Mãe Silvia deu um basta naquela situação dizendo que alugaria outra casa para instalar o terreiro, levando consigo os assentamentos dos seus orixás e dos demais que a quisessem acompanhar.

Mãe Silvia foi aconselhada, pelo grupo de *oloiês*[18] que a apoiavam, a esperar que o axexê de um ano se realizasse.

Ao largo de tudo, pai Alex relacionava-se com Nando de Ogum com o único intuito de tomar conhecimento das atividades do terreiro.

Por direito de posse, a família secular de pai Lauro tomou para si todos os pertences do pai de santo falecido, o que incluía suas roupas civis e rituais, fios de conta, eletrodomésticos, joias etc.

No terceiro axexê, poucos filhos estavam presentes e poucas foram as contribuições financeiras. Nando, que estava desempregado, fez um empréstimo para cobrir as despesas e, com isso, passou a se sentir ainda com mais direitos no controle do espólio.

Depois do axexê tudo se agravou. Pai Pedro jogou os búzios e declarou que mãe Silvia e Nando deveriam continuar tocando a casa. Mas isso já era impossível. Os grupos eram inconciliáveis e cada um deles diminuía de tamanho a cada nova batalha.

Mãe Silvia, não suportando mais as pressões, retirou do terreiro os assentamentos de seus orixás e os levou para um quarto que lhe foi cedido por uma amiga, até que um local mais apropriado fosse providenciado. Foi seguida por alguns filhos de santo e pelos oloiês mais importantes da casa.

O assento do orixá de pai Lauro, que, conforme mensagem do jogo de búzios realizado por pai Pedro após o último axexê, fora mantido no terreiro, ficou na casa sob a guarda de Nando. Dizem, contudo, que a peça mais importante do assento está nas mãos de um dos oloiês, que, prevendo o desfecho, tratou de guardar em lugar seguro a pedra sagrada do orixá de seu pai.

---

[18] Oloiês são aqueles que têm cargo sacerdotal no terreiro.

Então, inesperadamente, o sobrinho Alex faleceu. Deixou de existir o herdeiro do mesmo sangue. As irmãs de pai Lauro trataram de vender a casa e Nando a comprou. Seria finalmente o sucessor, pois quem tem a posse da casa não pode ser posto na rua.

Mãe Silvia, conformada, procurava ainda, no final de minha pesquisa, um lugar para dar continuidade ao axé de seu pai, tendo sido acompanhada por um pequeno número de seus antigos e fiéis irmãos, que seriam seus filhos. Desejava restaurar o axé do seu pai, mas teria que ser num outro endereço e com outras pessoas.

A casa de Obaluaê de pai Lauro parecia ter um destino finalmente desenhado. O presumido sucessor, entretanto, parece não ter podido cumprir os compromissos financeiros com as herdeiras. Uma delas acabou se mudando para o endereço que antes era o de pai Lauro. O "herdeiro" chegou a reabrir o terreiro depois do período de luto de um ano. Organizou um toque, mas, a não ser por sua esposa e seus filhos carnais, nenhum dos membros da casa compareceu. O grupo estava irremediavelmente disperso, o velho axé já não se mantinha. Aos poucos os filhos do falecido pai foram se ligando ao axé de outras casas de candomblé e os assentamentos foram sendo levados embora. Ao novo dono só cabia começar tudo de novo.

Cabe lembrar por fim que, mesmo tendo sido o terreiro de pai Lauro composto por um número considerável de acadêmicos e gente escolarizada, isso não significou a garantia de sobrevivência do grupo aos inúmeros conflitos decorrentes da sucessão. A despeito de todos os interesses envolvidos, sejam eles de ordem religiosa ou não, fica evidente que a posse civil do imóvel que abriga o terreiro é fator decisivo numa situação de sucessão.

CAPÍTULO V

VÍNCULO

> *Não é um exagero dizer que o rito é mais importante para a sociedade do que as palavras para o pensamento. Pode sempre saber-se alguma coisa e só depois encontrar as palavras para exprimir aquilo que se sabe. Mas não existem relações sociais sem atos simbólicos.*
>
> (MARY DOUGLAS, 2000)

O candomblé é hoje uma religião que filia devotos provenientes de todas as camadas sociais, de todas as origens raciais e étnicas, de todas as partes do país. Como religião universal, participa, com muitas outras denominações religiosas, daquilo que se chamou *mercado religioso*. Resulta dizer, conforme Peter L. Berger lembrou, que a religião passou a ser "'vendida' para uma clientela que não está mais obrigada a 'comprar'" (Berger, 1985: 149), tornando as instituições religiosas agências de mercado, em que a compra e o ingresso de alguém numa religião se faz por livre escolha. Na sociedade em que vivemos, a escolha religiosa não é necessariamente única e definitiva; diferentes escolhas podem se suceder na biografia de um devoto (Pierucci e Prandi, 1996).

Pode-se mudar de religião e, no caso do candomblé, pode-se também mudar de rito, de nação, de pai de santo, de axé. É grande o trânsito de pessoas que mudam de um terreiro para outro em busca de melhores condições, no seu entender, para cultuar suas divindades.

Numa religião de muitas regras, e que variam de uma filiação para outra, tal trânsito representa um exercício muito trabalhoso no sentido de se adaptar a preceitos e orientações que a lei do santo não consegue homogeneizar.

O adepto que não estiver disposto a aceitar as normas que lhe são impostas pelos mandamentos que regulam essa religião, dentro de um grupo específico, poderá sair à procura de um outro em que as mesmas regras podem estar elaboradas de um outro modo. Apesar dos traços comuns e das similitudes rituais, o candomblé é um lugar das diferenças. Não há dois terreiros iguais. A consciência da diferença como possibilidade de troca dá ao seguidor da religião dos orixás grande possibilidade de transitar entre um terreiro e outro.

Podemos chamar o trânsito que ocorre no candomblé de "troca de axé". Juana E. dos Santos definiu de forma sucinta, porém esclarecedora, a palavra axé como sendo "a força que assegura a existência dinâmica, que permite o acontecer e o devir. Sem axé, a existência estaria paralisada, desprovida de toda possibilidade de realização" (Santos, 1984: 39). Ao par dessa definição e procurando melhor conceituar a questão que irei discutir, encontrei nas palavras de Reginaldo Prandi, que também definiu o termo axé, empregado por mim no que chamo de troca de axé, uma formulação mais adequada. Para esse autor, dentre outras definições, axé "... também é origem ou raiz familiar; ascendência mítica; conhecimento iniciático; legitimidade; carisma; poder sacerdotal; poder" (Prandi, 1991: 244).

Os vários adjetivos empregados por Prandi buscam dar conta da amplitude do termo. No caso aqui discutido, troca de axé pode significar o rompimento com a raiz familiar, sem romper com a ascendência mítica, motivado, dentre outras razões, por uma busca de maior conhecimento acerca da religião dos orixás e, por conseguinte, de legitimidade, poder sacerdotal e carisma pessoal. Em relação a esse poder, Durkheim, ao citar Codrington, utiliza a palavra *mana*, força que os melanésios creem como algo absolutamente distinto "de toda força material, que age de todas as formas, seja para o bem, seja para o mal, e que o homem tem o maior interesse em possuir e dominar" (Durkheim, 1996: 197). Portanto, é uma força que abrange dois sentidos muito amplos, os de natureza imaterial e sobrenatural, o que pode se adequar perfeitamente ao conceito de axé empregado nos terreiros.

Todo o trajeto percorrido na troca de axé levará sem dúvida ao poder religioso — um círculo que só se desdobrará naquilo que Pierre Clastres descreveu ao afirmar que "toda relação de poder é opressiva... de vez que é, como antinatureza, a negação da liberdade" (Clastres, 1999: 112). Na realidade, o conflito permeará toda esta trajetória, pois ninguém troca de axé sem um motivo sério para si. No caso das religiões afro-brasileiras, essa troca poderá apoiar-se em conflitos cotidianos vividos nos terreiros em que as relações entre os membros sao permeadas por códigos e ações sutis. Como temos visto, esse é um espaço em que "falar dos outros" é uma prática recorrente e que propicia mecanismos produtores de conflitos e, por que não, de verdadeiras guerras rituais, nas quais a noção do certo e errado, do bem e do mal, é absolutamente irrelevante. Ali o importante é ser do santo e, como escreveu Maria Lina L. Teixeira, "ser do santo significa algo mais do que ser homem ou mulher... significa possuir uma identidade sociorreligiosa legitimada e exercer uma posição de maior poder" e ainda "saber provocar jocosamente, fazer picuinha, zombar das pessoas e fatos, conhecer como fazer presença (autovalorização). Ser do santo é conhecer a vida daqueles que são do santo" (Teixeira, 1987: 39/41).

Nos terreiros, a solução do conflito depende de vários critérios de julgamento, de acordo com uma concepção de justiça que é muito particular, cabendo lembrar que, para pensar em julgamentos e decisões, é preciso refletir sobre os critérios pelos quais eles se pautam. Se não houvesse uma estratégia de solução, o desenvolvimento dos conflitos internos nos terreiros promoveria o caos, tornaria sem força as regras, desmobilizaria os atores, rompendo, no limite, com o propósito religioso do grupo.

No meu entender, podemos definir o candomblé como uma religião sectária, no sentido weberiano do termo. Nos moldes das seitas, cada unidade é institucionalmente independente, e em geral sua reprodução se dá por ruptura com a matriz da qual se forma. Cada novo grupo acredita ser o dono da verdade e o conhecedor único da regra ritual correta (Max Weber, 1982). Portanto, como mencionou Yvonne Maggie, "... um grupo de médiuns que deseja sair de um terreiro, em princípio, enfrenta uma decisão conflituosa. De um lado rompe-se a norma de obediência dos filhos em relação ao pai de santo, desequilibrando a própria hierarquia do terreiro, e de outro, a saída do terreiro provoca uma segmentação quando esse grupo resolve abrir uma nova terra (terreiro)" (Maggie: 1975: 88).

Neste sentido, o candomblé testemunha um processo de reprodução que é sectário desde sua origem, em que cada casa de culto é autônoma e nega as demais semelhantes, como é próprio das seitas na conceituação de Weber (1982).

Segundo Roger Bastide, "quem estuda os candomblés não deixa de se impressionar pela falta de ligação orgânica entre eles. Cada casa ou terreiro é autônomo, sob a dependência de um pai ou mãe de santo que não reconhece nenhuma autoridade superior à sua" (Bastide, 2001: 69). Portanto, tentar entender como ocorrem os conflitos e suas resoluções nos terreiros é tarefa árdua e complexa. Bastide afirma que as estruturas mentais e sociológicas de um terreiro apresentam estreita correspondência e, ainda que os terreiros possam estar separados fisicamente, permanecem ligados pela mesma proposta, que é da participação ativa no *modus vivendi* da civilização africana (Bastide, 2001). Por outro lado, tal ligação, mesmo aquela que suscita relações amistosas ou pactos de interesse comum, não anula a possibilidade de conflitos, rivalidades e disputas entre os integrantes dos vários terreiros.

No candomblé fala-se demais daquilo que nem sempre verdadeiramente acontece, como se fosse um mecanismo capaz de questionar o poder de falar, tirar conclusões e negligenciar o que de fato há de verdade.

O conflito causado por palavras e frases mal pronunciadas, pela especulação do alheio, dentre tantas outras formas ofensivas, reflete-se em interpretações acerca do cotidiano, e apela principalmente para as incoerências dos pensamentos e das ações. Percebe-se assim que, nas relações pessoais no terreiro, as disputas entre aqueles que ficam e aqueles que vão embora integram o dia a dia. O grupo só se fortalece pela autoridade imposta por aquele que detém o poder, e parece coerente afirmar que, no candomblé, a obediência e a ordem são derivações dessa autoridade.

No candomblé, a autoridade do mandatário do terreiro se apoia, salvo devidas proporções, naquilo que entendo das palavras de Durkheim, onde posse e domínio são linhas paralelas e concêntricas (Durkheim, 1996), e de Clastres, que aborda o sentido do poder como opressão (Clastres, 1999).

O exato equilíbrio entre ambas faz pensar no quão tênue é a linha que separa o exercício da autoridade do exercício do autoritarismo nos terreiros de candomblé. Em várias ocasiões, essa linha foi por mim percebida nas frases de meus informantes, embora na maioria das vezes seus discursos tivessem atenuado o autoritarismo imposto ao grupo religioso, o que em poucas oportunidades também pude divisar.

Neste sentido, se levarmos em conta as transformações diárias que corriqueiramente marcam as relações sociais nos grupos de culto, concluiremos que estas são incompreensíveis num primeiro momento, já que, como ponto de partida, acredita-se que o terreiro de candomblé é o local onde se professa uma religião em que o sagrado é buscado. Para entender este aspecto, há que se traçar mecanismos que deem conta dos motivos do trânsito de adeptos nessa religião, como uma forma convencional de escolher onde estar e onde se fixar de acordo com os fins religiosos buscados.

Procurarei entender como se processa para o adepto a fidelidade e o compromisso com a fé que cada um concebe para si. No candomblé, o filho de santo faz juramentos solenes quando se insere no grupo religioso, procede do modo que lhe é ensinado e pedido para, num momento seguinte, na ocorrência de algum conflito, negar tudo e partir para uma nova experiência. O sagrado o acompanhará em suas atitudes profanas, pois, como se acredita no candomblé, o filho de santo é o representante vivo do orixá e este não o abandona. Quem se inicia no candomblé passa por uma mudança no estatuto da pessoa, prevalecendo a ideia de que algo diferente lhe ocorreu, e assim será sempre lembrado de que é uma pessoa que "fez o santo", que foi raspado (Patrícia Birman, 1995); portanto, foi impregnado por forças divinas que acredita ter e que o defendem dos algozes que o atormentam.

Para melhor compreensão desses fatos, descrevo a seguir um caso que me foi relatado por um informante. Márcio é um pai de santo com terreiro localizado na região oeste da Grande São Paulo. Conta com mais de sessenta filhos de santo e orgulha-se em dizer que iniciou poucas pessoas no culto aos orixás, mas que pelo menos 90% delas permanecem suas fiéis seguidoras.

Este babalorixá, segundo suas palavras, procura sempre dissipar os conflitos resultantes do convívio sistemático dos membros de seu terreiro por meio da conversa franca e do aconselhamento. Se os faltosos não renunciarem ao intuito de polemizar situações, ele se aconselha com os orixás por meio do jogo de búzios, tentando soluções para tais conflitos. Em último caso, pai Márcio pede "gentilmente" que aquele filho de santo faltoso deixe o grupo.

A primeira iniciação

Pai Márcio viveu o que convencionei chamar de troca de axé. Foi iniciado em 1979, por uma mãe de santo da nação angola que ainda não recebera o título de senioridade, ou seja, a obrigação de sete anos. Antes mesmo de entrar para esse terreiro, pai Márcio conviveu com aquele grupo religioso durante pouco mais de três meses.

Nesse período, percebeu inúmeras situações de conflito entre a mãe de santo e o pai de santo desta, motivadas por disputa de poder que envolvia principalmente o conhecimento religioso.

A solução temporária desses atritos veio quando pai Márcio decidiu iniciar-se para seu orixá, porque mãe Santa de Oxum, era este o nome de sua mãe de santo, desconhecia em grande parte os mistérios que envolviam a iniciação de um novo filho de santo e necessitava, então, dos ensinamentos de seu pai de santo, que prontamente a atendeu. Evidentemente existia também a questão econômica em jogo, pois ambos, filha e pai de santo, haviam cobrado de pai Márcio pela iniciação, aquilo que o povo de santo chama de "mão-de-chão". Era um valor considerável, segundo pai Márcio, e não havia por que seu avô de santo deixar de ser remunerado por um simples problema de relacionamento com mãe Santa. O avô de santo de pai Márcio, que se chamava pai Nelson, esteve presente durante todo o período de sua iniciação, ensinando a mãe Santa todos os rituais propiciatórios devidos ao orixá do então abiã Márcio.

Pai Márcio recordou que, durante os 21 dias em que esteve recluso, escutava um burburinho malicioso de suas irmãs de santo de que ele era um iaô moderno, que estava sendo muito poupado dos sacrifícios que ocorrem durante uma iniciação, e que era o "queridinho da mamãe". Esses comentários ocorriam do lado de fora da janela do *roncó* (clausura) onde pai Márcio estava recolhido. Em várias situações ele comentou esse fato com sua mãe-criadeira (a iniciada que cuida de quem está recolhido), recebendo dela sempre a mesma recusa em falar no assunto, inclusive pedindo a ele que não dissesse nada a mãe Santa.

Os dias se passaram com pai Márcio contando nos dedos para que tudo terminasse bem. Vez por outra, alguma irmã de santo entrava no *roncó* e comentava algo a respeito do que ocorria fora daquele espaço em que ele se encontrava isolado. Fofocas temperavam os ânimos daquelas mulheres inflamadas por ciúmes e desconfiança.

Indagado sobre o porquê de sempre usar a expressão *irmãs de santo*, pai Márcio contou-me que, àquela época, o terreiro era composto por uma maioria de mulheres, com tímida presença de homens. O terreiro fora inaugurado havia um ano e mãe Santa, que fora anteriormente mãe de santo de um terreiro de umbanda, tinha levado consigo para o candomblé algumas antigas filhas de santo e alguns membros de sua família consanguínea (mulheres em sua maioria). Assim pode-se entender que todos os membros da casa eram recém-ingressos nessa religião, mas a conversa, a fofoca e o disse que disse já eram veículos preferenciais para gerar os conflitos que apenas estavam começando na vida de pai Márcio.

O templo contava com poucos filhos de santo iniciados; pai Márcio era o quinto a passar por esse ritual. Mãe Santa tinha apenas quatro anos de iniciada no candomblé e, no entanto, afirmava ter 24. Pai Márcio tomou conhecimento, posteriormente, de que essas duas décadas eram contadas somando-se o tempo em que ela fora dirigente de um terreiro de umbanda. É preciso ter em vista o que o povo de santo sempre faz lembrar: o que conta no candomblé é o tempo de iniciado e as obrigações que são dadas aos orixás periodicamente. Mas muitos tentam burlar tal regra. Em relação a isso, Beatriz G. Dantas, ao escrever sobre a lendária mãe Nanã de Aracaju, afirmou que esta iniciou considerável contingente de filhos de santo na nação angola (a mesma em que foi iniciada mãe Santa), tornando flexíveis normas mais rígidas na questão da iniciação, alegando que esta nação tinha maior tolerância. Dantas afirma também que mãe Nanã rompeu com a tradição de que somente após sete anos de iniciação se poderia obter o direito de abrir um terreiro (Dantas, 2002). Fica assim uma questão a ser respondida: será realmente a nação angola tão flexível em seus rituais ainda em nossos dias?

O terreiro de mãe Santa, segundo me pareceu, tinha características tão peculiares quanto aquelas que Ruth Landes, antropóloga americana, observou nos anos 1930 em suas incursões aos terreiros de candomblé da Bahia (Landes, 1967). É possível afirmar que o terreiro de mãe Santa era igualmente uma "cidade das mulheres".

Apesar dessas características, a presença de poucos homens, principalmente os da família consanguínea de mãe Santa, se constituía no que Patrícia Birman considerou um "troféu" conquistado, que nenhum pai de santo deixa de contemplar. A autora nos conta que muitos dos pais de santo dos terreiros pesquisados por ela no Rio de Janeiro puseram em ação uma estratégia infalível: arrebanharam as mulheres de sua família consanguínea para, num momento seguinte, conquistarem os maridos ou companheiros destas e ainda outros homens da família, pois, em princípio, são os que mais fazem ressalvas ao compromisso que as mulheres assumem com a religião (Birman, 1995).

Por outro lado, mãe Santa tinha uma biografia pessoal muito parecida com o modelo descrito por Landes de algumas famosas mães de santo baianas, como mãe Menininha do Gantois. Mulheres que tiveram filhos biológicos, mas nunca se casaram oficialmente, pois ao que tudo indica jamais quiseram submeter-se à autoridade dos maridos. No Brasil dos anos 1930, católico e latino, a esposa deveria sujeitar-se à autoridade do marido. Nesse sentido, Landes descreveu o matriarcado dos terreiros baianos mais importantes da época, em que a autoridade feminina era tão forte que as mulheres se submetiam apenas aos deuses, e os homens nada podiam fazer a não ser enfurecer-se, censurar e brigar com elas (Landes, 1967). A prioridade do orixá sobre o marido era "repetida até o cansaço... esperando-se que ele aceite perder uma parte importante da influência que tinha sobre a mulher" (Segato, 2000: 62), ou restando ao marido aderir ao candomblé, silenciando por fim seus ataques ao orixá.

Pai Márcio relatou que mãe Santa acabou por se separar do marido, alegando ser esse o desejo de seu orixá; esse fato ocorreu um ano antes de ela iniciar-se no candomblé. Mãe Santa trocou de axé ao aderir ao candomblé em detrimento da umbanda, deixando-a, mas sem abrir mão de sua condição de dirigente espiritual e, principalmente, sem inclinar-se à autoridade de seu pai de santo, com quem constantemente entrava em atrito.

Neste clima tão familiar, pai Márcio iniciou sua jornada como iaô naquele terreiro. Mesmo inserido e atuando no grupo religioso de maneira fanática, conforme o admitiu, ele sentia medo. Com ênfase na questão do temor ao inserir-se nas coisas sagradas, Durkheim reconheceu que o fiel, ao se aproximar delas, tem "sempre alguma reserva e algum temor; mas é um temor *sui generis*, feito de respeito mais que de pavor" (Durkheim, 1996: 50).

Ao completar dez meses de iniciado, pai Márcio foi alertado por sua mãe de santo de que deveria adiantar suas obrigações de um e três anos, pois tinha planos para ele ocupar um cargo importante no terreiro. Nada mais informou a seu recém-iniciado a respeito de quais eram seus planos, marcando para aquele mês as ditas obrigações.

Em seu artigo instigante sobre as filhas de santo, Giselle Cossard-Binon (1981) é intransigente quanto à ascensão dos iaôs na fase que precede o tempo de senioridade, ou seja, os sete anos de iniciado. Para ela, e na maioria das opiniões de meus entrevistados, só com o tempo de iniciado para o orixá é que os filhos de santo adquirem um conhecimento ritual verdadeiramente eficaz para compreender nuances da religião dos orixás. Fora disso, seria precipitar-se num calabouço de informações julgadas erradas e sem procedência.

O artigo de Cossard-Binon descreve com minúcias as obrigações pelas quais os filhos de santo passarão durante o período de pré-senioridade, ou seja, as obrigações de um ano, três anos e sete anos, considerando que esta última "encerra o ciclo de aprendizado da yawo e marca sua entrada na categoria das ebamin" (Cossard-Binon, 1981: 144). Assim como Cossard-Binon, Beatriz G. Dantas, citando Vivaldo da Costa Lima, lembra que "no candomblé, o princípio de senioridade é estruturante da hierarquia interna dos terreiros, e a antiguidade destes é um importante elemento de atribuição de prestígio, tanto no interior dos cultos como na sociedade mais ampla" (Dantas, 2002: 105).

Lidando de forma antagônica aos procedimentos da maioria dos terreiros de candomblé, mãe Santa infringiu novamente regras do tempo, como tão bem demonstraram Cossard-Binon e Dantas, ao reduzir o período de um e três anos de iniciado de pai Márcio a apenas dez meses.

Mesmo criticada por sua decisão, a mãe de santo não escutou ninguém. Realizou as obrigações citadas, alegando que os orixás não se opuseram a sua decisão. Várias filhas de santo, com maior tempo de iniciação, sentiram-se prejudicadas com a quebra da ordem hierárquica e passaram a opor-se a pai Márcio, criando situações conflituosas para ele, as quais eram rebatidas ferozmente pela mãe do terreiro.

Seis meses depois, pai Márcio foi elevado à categoria de pai-pequeno do terreiro, o que lhe deu a prerrogativa de tomar decisões na ausência da mãe de santo ou quando autorizadas por ela. Pai Márcio dividiu suas tarefas com uma irmã de santo que fora elevada à categoria de mãe-pequena meses antes de sua ascensão ao cargo de pai-pequeno. Mesmo com o apoio da mãe-pequena, pai Márcio viu-se rodeado de inimigos ferozes que, na ausência da mãe de santo, negavam-lhe obediência e ajuda.

Dois meses passaram desde sua ascensão ao cargo de pai-pequeno quando ele decidiu abandonar suas funções no terreiro. Tomara conhecimento de que sua mãe de santo, compelida pelas calúnias pronunciadas por algumas filhas de santo sobre ele, havia declarado que pai Márcio estaria demandando contra ela com o intuito de ter para si o total controle do terreiro. Uma situação desse tipo foi bem descrita por Yvonne Maggie (1975) quando analisou, dentre outros conflitos, aquele que envolvia acusações de demanda entre mãe de santo e seus filhos de santo, ocorridas em um terreiro do Rio de Janeiro, na década de 1970.

Pai Márcio afastou-se de fato do terreiro, deixando na época os assentamentos de seus orixás aos cuidados da mãe de santo. Ele tentou conversar por várias vezes sobre o assunto com mãe Santa, mas esta se negou a qualquer explicação, desmentindo os fatos e relevando a conduta das filhas de santo envolvidas no conflito.

Durante o ano seguinte, pai Márcio pensou muito em deixar definitivamente o candomblé, mas isso não aconteceu, pois, segundo ele, seu orixá exigiu, num transe ocorrido em sua casa, que continuasse a professar a religião e que para tanto procurasse um novo terreiro.

Mudando de axé

Algum tempo depois, pai Márcio conheceu pai Noel de Iansã, por indicação de uma colega de trabalho que esporadicamente consultava-se com o Caboclo Sete Pedras, que "baixava" semanalmente nesse pai de santo.

Pai Noel era membro de uma família de santo com raízes em Cachoeira, no recôncavo baiano, onde, segundo Prandi (1991), encontra-se um celeiro de importantes terreiros que deram origem a tantos outros sediados por todo o país. O terreiro de pai Noel seguia o ritual da nação queto, com a presença dos caboclos e encantados nos mesmos moldes encontrados nas pesquisas de Bastide (2001).

Após conhecer o terreiro de pai Noel e passar por uma consulta ao oráculo do jogo de búzios, pai Márcio preparou-se para ser adotado como filho de santo por esse terreiro. A adoção de um filho de santo, segundo Prandi, "pode ser radical e pública, com novos ritos de raspagem, mudanças de orixá da pessoa etc. Pode ser uma obrigação simples, como tomar um banho de ervas sagradas, fazer alguns sacrifícios, dar uma comida à cabeça. Varia muito" (Prandi, 1991:

105). Pai Márcio passou por uma tonsura, teve seu segundo orixá de cabeça mudado e tomou novamente a obrigação de três anos, pois, como disse anteriormente, o tempo de iniciação é contado cronologicamente e não segundo alguns membros do candomblé o concebem.

Num primeiro momento, as relações entre pai Márcio e sua nova família de santo ocorreram sem qualquer conflito. O tempo passaria tranquilamente, não fosse o ciúme do Caboclo Sete Pedras, encantado de pai Noel, em relação ao Caboclo da Lua, encantado que passou a incorporar pai Márcio após sua obrigação naquele terreiro, configurando uma verdadeira "guerra de orixá", utilizando-me da definição de Maggie (1975).

Paralelamente a esse fato, outro assunto passou a preocupar pai Márcio. Pai Noel era declaradamente homossexual e passou a assediar insistentemente seu neto de santo Carlos de Logum Edé, abiã que acompanhava pai Márcio, pretendendo ser, no momento devido, seu filho de santo. Criou-se um conflito de dupla mão.

Em relação à disputa entre os dois caboclos, pai Márcio relatou que tinha amigos desejosos de se consultarem com seu caboclo. Assim obteve autorização de pai Noel para levá-los ao terreiro à consulta com o Caboclo da Lua, já que não tinha outro local adequado onde pudesse realizar tais práticas. Um dado importante é que, ao dar sua obrigação naquele terreiro, pai Márcio recebeu das mãos de pai Noel o jogo de búzios, o que o autorizou ritualmente a atender àqueles que o procurassem, alegando para tanto que o filho de santo deveria cumprir os desígnios de seu orixá e ser um pai de santo.

Este fato criou um conflito dentro do terreiro, visto que alguns irmãos de santo, com maior tempo de iniciação que pai Márcio, não obtiveram a mesma autorização. Estes não aceitavam a justificativa de pai Noel, pois, como já disse, segundo a lei do santo, apenas aqueles que cumprem o período de sete anos de iniciados e recebem o *decá* têm a prerrogativa de usar do jogo de búzios para atender os consulentes. Esses irmãos de santo passaram a hostilizar pai Márcio, despertando nele, num primeiro momento, o desejo de abandonar o terreiro.

Por meio de observação constatei o quão problemática é a inserção de um novo membro no grupo, quando chega já iniciado no terreiro. No caso de pai Márcio, esta questão foi duplamente contundente: primeiro em relação à sua condição de iniciado há apenas três anos, e segundo por haver recebido o jogo de búzios prematuramente, o que lhe dava a possibilidade de ter consulentes, auferir ganhos por meio do jogo e dos rituais propiciatórios advindos da consulta ao oráculo, além de poder ter para si sua própria família de santo.

Assim sendo, ambos os conflitos vivenciados por pai Márcio foram tomando proporções incomensuráveis, mas ele os administrava esperançoso de que o tempo apagaria essas diferenças.

As fofocas fervilhavam sempre que os filhos de santo se encontravam no terreiro. Diziam que o futuro filho de santo de pai Márcio estava realmente tendo um caso amoroso com pai Noel, visto que sempre estavam conversando sozinhos no quarto do pai de santo. Pai Márcio procurou apelar para o bom senso de Carlos de Logum Edé, mas seus pedidos foram desprezados. Carlos alegava que ambos eram apenas bons amigos e que gostava das histórias que seu virtual avô de santo lhe contava sobre os orixás.

Carlos, que era também homossexual, dizia a pai Márcio que não estava interessado em manter qualquer relação afetiva com pai Noel e que tudo aquilo passaria, garantindo que colaboraria para isso. Segundo pai Márcio, seu filho de santo era um homem inteligente e sedutor, e já estivera envolvido em situações semelhantes em outras oportunidades. Mas dessa vez Carlos, percebendo ou não, só fazia alimentar as expectativas de pai Noel em relação a um possível romance entre ambos.

Paralelamente a isso, perdurava o conflito entre os dois caboclos e, a cada sessão de consultas, novamente essa diferença era percebida. Vez por outra, o caboclo de pai Noel fazia a "inquita das provas", ou seja, armava um verdadeiro espetáculo onde punha à prova o real transe dos filhos de santo. Para alguns caboclos ele exigia que passassem velas acesas pelo corpo e apagassem o fogo com a boca; a outros impunha que passassem uma faca afiada na língua.

No entanto, as piores provas eram destinadas ao caboclo de pai Márcio e para um ou outro caboclo de algum filho de santo julgado rebelde. Algumas provas consistiam em fazer esses caboclos rolarem sobre folhas de aroeira-brava — planta que provoca coceiras e vergões pelo corpo —, ou ainda comer parte da carne crua de alguma ave sacrificada naquele dia. Estes são apenas alguns dos exemplos das provas que meu informante relatou. Segundo pai Márcio, em todas as ocasiões seu caboclo saiu-se bem, o que provocava a ira no caboclo de seu pai de santo.

O Caboclo Sete Pedras, em suas vindas ao terreiro, deixava claro que era ele o dono absoluto daquela terra, e este aspecto era transmitido em sua cantiga de chegada:

Estou vindo e não venho só,
Eu estou vindo com a força maior,
Sou Sete Pedras, rei e senhor,
Sou Sete Pedras, dono do altar real.

Pai Márcio disse que, ao chegar em terra, Sete Pedras chamava os outros caboclos a ajudarem nas consultas e nos passes semanais, mas determinava o que cada um iria fazer e onde ficaria. Todas as semanas aconteciam essas sessões de cura, como eram chamadas, pois eram vários os apelos que a assistência e também os filhos de santo traziam.

Essa reunião implicava uma convivência mais íntima dos membros do terreiro e também da assistência, que era fiel e constante nessas ocasiões. O que se via era o fenômeno da inversão (Maggie, 1975). Utilizo-me deste termo pois ele é suficiente para definir esse encontro, já que indivíduos da sociedade mais ampla se reuniam com o propósito de curar seus vários males, não importando seus valores ou comportamentos pessoais. Na verdade, homens invertiam seus papéis, eram tomados em transe por espíritos e supostamente reacendiam a esperança dos aflitos. Em outro momento, estes homens tomados por espíritos recobravam sua conduta cotidiana para também apelar para os espíritos, também em busca de cura.

Nessas sessões, a animosidade do Caboclo Sete Pedras com o Caboclo da Lua passou a ser constante.

Pai Márcio tinha em mente ter seu próprio terreiro e já estava trabalhando para isso, construindo uma clientela em ascensão, que passou a frequentar o terreiro de pai Noel e a consultar o Caboclo da Lua. Tinha vários seguidores que desejavam ser iniciados por ele, como Carlos. Pai Márcio passou a representar um perigo para seu pai de santo.

Não bastava o ciúme profissional como motivo de disputa. A paixão do babalorixá pelo neto de santo era um segundo complicador, pois pai Noel acreditava que pai Márcio tinha influência sobre as escolhas dos parceiros amorosos de seu filho de santo.

Tudo resultava também em desgaste emocional e, por que não dizer, espiritual de pai Márcio. E quanto mais pai Noel forçava a situação, mais ele começou a duvidar das palavras e da eficiência religiosa de seu pai de santo, assim como da real existência do Caboclo Sete Pedras.

Pai Márcio convenceu-se de que pai Noel o recebera no terreiro não para fazer uma caridade por um aflito, conforme suas primeiras palavras, mas sim porque pai Márcio vinha de um estrato socioeconômico e intelectual superior ao dele, o que com certeza lhe traria alguma vantagem e prestígio. Por outro lado, a paixão desenfreada de pai Noel por Carlos de Logum Edé e o insistente assédio do primeiro para que pai Márcio apoiasse sua relação amorosa com Carlos foram fatores adicionais do desgaste da relação entre pai e filho.

Segundo pai Márcio, inúmeros conflitos, inclusive os pessoais, passaram a nortear sua vida religiosa, mas o que verdadeiramente o incomodava eram as agressões públicas que seu caboclo sofria por parte do caboclo de seu pai de santo, situação em que ele se sentia impotente por não poder interferir. Evidentemente, os fatos chegavam até pai Márcio já em tom de fofoca, agravando a situação conforme o tempo passava, pois os conflitos pareciam não ter mais fim.

Perguntado sobre por que continuou vivendo aquelas situações naquele terreiro, pai Márcio reiterou seu desejo de atingir sua maioridade religiosa, ou seja, receber de pai Noel seu *decá*, o que, segundo imaginava, lhe daria maior liberdade de escolha de permanecer ou não na companhia daquele pai de santo, principalmente pelos motivos aqui apresentados, e também por não estar disposto a procurar outro sacerdote para tal fim.

Percebi nas palavras de pai Márcio que, àquela época, ele estava inseguro e principalmente temeroso das atitudes que pai Noel tomaria caso ele decidisse abandonar seu terreiro; dentre essas atitudes estavam as de caráter mágico. No desenrolar dos acontecimentos, esta percepção se confirmou.

Ainda disposto a permanecer no terreiro de pai Noel, pai Márcio tomou duas atitudes que julgou convenientes para diminuir os conflitos entre ele e seu pai de santo. A primeira foi afastar Carlos de Logum Edé da convivência de pai Noel, mesmo sabendo que em princípio causaria uma reação controversa. A segunda foi começar a atender com seu caboclo em um cômodo na casa de uma filha de santo, onde já atendia com o jogo de búzios.

As duas atitudes deflagraram o que ele considerou uma guerra entre homens, entre deuses e homens, entre deuses e caboclos. Pai Noel, ao pressentir a atitude de seu filho com relação ao afastamento de Carlos, calou-se como se nada tivesse ocorrido. No entanto, certo dia implicou com pai Márcio em virtude de um determinado traje ritual, chegando quase a expulsá-lo do terreiro.

De outra feita, o orixá de pai Noel, em transe, chamou pai Márcio no quarto de santo e insistiu ostensivamente que ele ajudasse seu filho a conquistar Carlos de Logum Edé. Mais adiante, o mesmo orixá mandou que suspendessem o transe do caboclo de pai Márcio, alegando que o mesmo não estava cumprindo os rituais corretamente. Pelo relato, entendi que em nenhum momento houve a participação ativa de pai Noel naquilo que pai Márcio julgou como vingança. Pai Noel utilizou-se, se assim posso afirmar, de instâncias religiosas para sobrepujar as atitudes do filho de santo intolerante.

Diante de tais fatos, pai Márcio refutou sua primeira ideia de permanecer naquele terreiro. Estava cansado de ser obstado pelo pai de santo em sua trajetória religiosa, o que muitas vezes se estendia por sua vida particular.

Pai Márcio saiu do terreiro de pai Noel em meio a todo esse conflito e, para sua surpresa, não conseguiu levar consigo os assentamentos de seus orixás, repetindo o que ocorrera no terreiro de mãe Santa. Pai Noel alegou que, consultando os orixás de pai Márcio por meio do jogo de búzios, estes lhe revelaram que não queriam ser levados do terreiro e que, portanto, eram contrários à saída de seu filho das mãos do pai de santo. Contrariando as palavras do pai de santo, pai Márcio não abriu mão de sua decisão e partiu, acompanhado de seu séquito.

Alguns anos depois, tomou conhecimento, por meio de uma antiga irmã de santo, de que pai Noel havia falecido tragicamente. Soube também que, na saída do féretro, um grupo de ex-filhos de santo de pai Noel estourou foguetes — uma demonstração de alegria pelo ocorrido. Segundo essa irmã de santo, foram alguns de seus irmãos de santo, ofendidos, humilhados e por fim expulsos do terreiro de pai Noel, que realizaram o ato. Essa informação confirma o relato de como pai Noel resolvia os conflitos no templo.

Foi uma espécie de revanche. Além disso, pai Márcio soube ainda que os assentamentos de seus orixás haviam sido despachados no mar por pai Noel, assim que ele saiu de seu terreiro. Pai Márcio, apesar de aturdido com as informações de sua irmã de santo, nada considerou, pois naquele momento já tinha outra história para contar.

Uma mudança radical

Dois meses depois de sair do terreiro de pai Noel, pai Márcio foi levado por um amigo a conhecer mãe Luiza de Iemanjá. Ele relutou a princípio, mas, consciente de que deveria terminar suas obrigações e receber o tão sonhado *decá*, aceitou procurar o aconselhamento dessa mãe de santo.

Mãe Luiza mantinha um terreiro num município da Grande São Paulo e acabara, segundo ela, de dar obrigação com um sacerdote nigeriano que conhecera recentemente num congresso em Salvador.

Essa mãe de santo era uma mulher culta, bem-sucedida no comando do terreiro, falava inglês e francês. Como afirmou Prandi, "o sacerdócio no candomblé também é um meio de mobilidade social ascendente... aqueles que começam a ser bem-sucedidos socialmente (o que implica clientela) tendem a se envolver na busca de prestígio que pressupõe uma pureza original, que vem do passado (a África através da Bahia) ou do presente (a África ela mesma, a de hoje)" (Prandi, 1991: 118). Este último caminho fora o adotado por mãe Luiza. A entrada de pai Márcio em seu terreiro ocorreu na metade da década de 1980, e o processo de peregrinação às fontes africanas já havia sido iniciado no final dos anos de 1970. Portanto, mãe Luiza, ao ser adotada por um sacerdote africano, viu-se envolvida na saga de africanizar seu terreiro.

Naquela época, segundo pai Márcio, mãe Luiza ainda estava na fase de experimentar os novos conhecimentos recentemente adquiridos, e o fazia com certo radicalismo, conforme ele mesmo vivenciou posteriormente.

Apesar de pai Márcio não haver compreendido ainda o que era realmente africanizar um terreiro, nem tampouco estar seguro dos reais conhecimentos da religião demonstrados por mãe Luiza, sentiu-se embevecido por tudo o que escutara da mãe de santo, não conseguindo, entretanto, decidir acerca de sua filiação àquele terreiro. Mas como é comum acontecer no candomblé, pai Márcio não precisou tomar essa decisão, pois, durante uma consulta ao jogo de búzios feita por mãe Luiza, seu orixá o possuiu e pediu, segundo a mãe de santo, que ele desse suas obrigações naquele terreiro. Pai Márcio voltou do transe atordoado e, sabedor dos desígnios de seu orixá, assentiu com a cabeça, mas permaneceu apreensivo com toda aquela situação.

Pai Márcio, acompanhado de seus filhos de santo, passou a frequentar o terreiro de mãe Luiza a fim de conhecer melhor a nova terra em que estaria pisando dali em diante.

Um dia, conversando com mãe Luiza, ficou acertado que pai Márcio daria suas primeiras obrigações para então ser assumido definitivamente por aquela família de santo. Consequentemente, para ser aceito naquele grupo, pai Márcio teve que se adequar à nova liturgia. Tendo sido iniciado num terreiro da nação angola, pai Márcio cultuava o Caboclo da Lua e, além de seu orixá principal, também entrava em transe de uma segunda divindade (*adjuntó*), que no seu caso era Iansã. Esse tipo de concepção de iniciação não ocorre somente em terreiros da nação angola; é também uma prática habitual em terreiros queto, jeje, mina etc.

Na nova concepção, por determinação de mãe Luiza, pai Márcio deveria abandonar o culto a Iansã e ao Caboclo da Lua. Consequentemente, não seria mais possuído por eles. Mãe Luiza tinha também aversão ao sincretismo católico.

De acordo com esse raciocínio, com a "volta à África", não fazia mesmo mais sentido manter as relações sincréticas com o catolicismo, indispensável durante a escravidão e mesmo depois, quando o negro, para se sentir brasileiro e ser visto como brasileiro, tinha que ser antes de tudo católico, uma vez que, até os anos 1950, todo brasileiro era naturalmente católico.

Após os anos 1950, o catolicismo passou a enfrentar a concorrência de muitas religiões, tendo perdido um quarto de seus seguidores. Hoje, ser católico é uma questão de preferência, não mais uma imposição da sociedade. Nesse quadro, não só os radicais adeptos da africanização, como mãe Luiza, estão livres para deixar de lado santos, missas e outros ritos que faziam parte de sua vida religiosa. Beatriz Góis Dantas, ao tratar desta questão, lembra que os nagôs, no "século XIX, retornam do Brasil para Lagos, na Nigéria, onde vão identificar-se como brasileiros usando como sinal diacrítico básico o catolicismo (por oposição ao protestantismo, islamismo e animismo) reforçado por outros traços culturais, alguns dos quais são tidos no Brasil como africanos (culinárias e festas) e que eles apresentam como brasileiros para melhor marcar sua identidade" (Dantas, 1988: 24). Essa mistura, como a autora trata, dilui a ideia de divisão de culturas, mas marca definitivamente as diferenças; ou seja, cada qual em seu tempo encarrega-se de definir seus traços na nova terra onde viverá, não havendo uma forma definitiva e, portanto, conclusiva para definir essas questões.

Mãe Luiza, entretanto, estava muito distante desse tipo de preocupação. Foi enfática em sua determinação e apelou para uma retórica e uma prática que traduziam sua noção de africanização como uma busca da religião tradicional africana, com o abandono completo de tudo aquilo que aprendera anteriormente em sua trajetória religiosa.

Ao longo desta pesquisa, constatei que a memória é elemento fundamental do candomblé, uma vez que toda a liturgia da religião dos orixás tem sua origem na tradição oral. É nesta perspectiva que tudo o que se fala, que se aprende, que se ensina, é uma forma de documento, e não há como negá-lo. Pai Márcio utilizou-se desta argumentação para tentar entender as explicações de mãe Luiza. Por estar cansado de buscas ou até por certo comodismo, concordou com as determinações da mãe de santo.

Se com mãe Luiza pai Márcio não teve nenhum conflito inicial porque concordou com tais mudanças, o mesmo não ocorreu em relação a alguns de seus filhos de santo. Habituados a consultar-se com o Caboclo da Lua, alguns deles sentiram-se, em suas palavras, como se perdessem algum ente querido, como o pai injustiçado que parte sentenciado para a morte. Assim, chegaram a apelidar mãe Luiza de "matadora de caboclos".

Como a decisão de pai Márcio fora inapelável, esses filhos de santo o abandonaram, partindo em busca, certamente, de um outro terreiro onde pudessem se consultar com outros caboclos. O mesmo aconteceu com parte da clientela de pai Márcio, que, apesar de ser atendida por ele no jogo de búzios, sentia também necessidade de vez por outra se consultar com o Caboclo da Lua. Parece-me que esse é um hábito recorrente da clientela que frequenta sistematicamente um terreiro onde se mantém, além da consulta ao jogo de búzios, também a consulta com entidades como os caboclos.

Neste sentido, um outro informante, pai Paulo de Omulu, com terreiro na cidade de Santo André, afirmou ter em seu templo duas categorias distintas de clientes: aqueles que o procuram para jogar os búzios, e daí partir para a realização de algum ritual caso assim o jogo solicite, e aqueles que são clientes de seu encantado Boiadeiro João Mateiro, com quem, segundo ele, mantêm laços de fidelidade e cumplicidade.

Perguntado se havia uma terceira categoria, ou seja, aquela dos clientes que o consultavam e também a seu encantado, pai Paulo alegou preferir que essa categoria não existisse, para não criar conflitos entre suas determinações e as de seu encantado. Meu informante disse ainda preferir que seu encantado resolva diretamente cada questão, indicando os rituais propiciatórios necessários para resolver qualquer tipo de problema que lhe seja levado.

O que não ficou claro é se essa não seria uma forma adotada pelo pai de santo a fim de que prevalecesse sempre a decisão de seu encantado, diluindo-se em sua atitude alguma contrariedade perante a não-resolução de algum problema levantado pela clientela. Digo isso pois, segundo meus informantes, a clientela cobra a não-resolução dos problemas, mas raramente elogia a solução dos mesmos.

A atitude desse pai de santo talvez seja um dos arranjos que levam prestígio a um terreiro. Podemos ainda definir esse prestígio na forma que Dantas agrupou, ou seja, em duas categorias. Para a autora, a importância e o sucesso de um terreiro mostram-se em primeiro lugar pelos sinais externos: número de filiados, capacidade de marcar presença no âmbito superior da sociedade abrangente e nos mecanismos de comando oficiais. Em segundo lugar, pela forma interna que também explica o sucesso do terreiro como sua origem africana, sua antiguidade e a forma de atuação de seu dirigente (social e mágica) perante o grupo de adeptos (Dantas, 1988). De toda forma, o que interessa é, principalmente, como o dirigente do terreiro soluciona os conflitos advindos de sua atuação, o que marca definitivamente sua capacidade de comando.

Entendi que, à época dos conflitos que levaram à cisão dos filhos de santo de pai Márcio com seu ainda incipiente terreiro, ele tinha pouca experiência para o comando e estava centrado na resolução de suas próprias questões religiosas, ou seja, concluir seu tempo de iaô e dar sua obrigação de sete anos, recebendo de uma vez por todas seu título de senioridade. Portanto, naquele momento, as resoluções tomadas por ele foram as mais acertadas, segundo seu critério.

Aos poucos pai Márcio foi se adaptando às determinações e aos ensinamentos de mãe Luiza e, nesse sentido, ela era extremamente generosa com os seus filhos de santo. Mãe Luiza sempre respondia ao questionamento de seus filhos com a mesma segurança de quem domina alguma arte e, quando desconhecia a resposta, pesquisava e trazia ao interessado a solução.

Mãe Luiza, além de transmitir conhecimentos teológicos aos filhos de santo, tinha, conforme pai Márcio relatou, incrível capacidade de gerir diferentes serviços dentro e fora do terreiro. Além da administração do terreiro, com tudo o que isso implicava, mãe Luiza era especialista em competir no chamado mercado dos bens de salvação, conforme definido por Pierre Bourdieu, e das diferentes classes interessadas por seus serviços. Bourdieu, citando Weber, assinala essa questão, onde o candomblé se enquadra dentre tantos outros segmentos religiosos, pois "cumpre uma função de conservação da ordem social contribuindo, nos termos de sua própria linguagem, para a 'legitimação' do poder dos 'dominantes' e para a 'domesticação dos dominados'" (Bourdieu, 1999: 32), cabendo a seus dirigentes tornar viável essa prática — o que lhes custa um tempo razoável de aprendizado, além do que, sem o carisma pessoal, a competição seria inviável.

Mãe Luiza participava de congressos, viajou para a África em busca de informações e não se limitava a viver cercada pelos muros do terreiro. Era indiscutível o carisma que dela emanava, tanto em aparições públicas quanto dentro do terreiro. Consequentemente, pai Márcio se encantava com sua mãe de santo, mais e mais, e cegamente cumpria os ensinamentos legados por ela.

Dois anos se passaram e chegara a época de pai Márcio receber seu *decá*. Seus poucos filhos de santo o ajudaram a comprar novos trajes rituais, inclusive aqueles que vestiriam seu orixá, bem como outros materiais necessários para os rituais, incluindo alimentos e os animais que seriam sacrificados nessa ocasião.

Mãe Luiza estava ansiosa para entregar ao filho de santo o *decá* e não escondia de ninguém esse contentamento. Ofereceram ao orixá de pai Márcio uma grande festa, com fartura de comida e bebida, o que foi acompanhado pela presença de amigos e familiares dele, além do povo de santo que sempre comparece a essas festas, convidado ou não — o que também não faz diferença alguma, pois, como me disse um antigo pai de santo, "... candomblé não precisa nunca de telefone, tudo se sabe pelo assovio".

Tudo parecia tranquilo no relacionamento entre mãe Luiza e pai Márcio, não fosse a inquietação que tomava conta dele, que tinha acima de tudo o desejo de abrir seu próprio terreiro. O ideal de pai Márcio foi em princípio apoiado por mãe Luiza, o que contraria grandemente uma prática que a literatura sobre as religiões afro-brasileiras nos revela, pois o surgimento de grande parte dos terreiros se dá pela cisão entre pais e filhos de santo (Birman, 1975;

Maggie, 1975; Teixeira, 1987; Dantas, 1988; Prandi, 1991). Contraria também a fórmula tradicional que se percebe nos terreiros de candomblé, ou seja, o conhecimento é dado ao filho de santo ao longo de muitos anos de convivência e nem sempre, após esse mesmo filho abrir seu terreiro, terá o apoio de seu pai de santo no desempenho da liturgia aprendida.

Em outras palavras, via de regra, alguns pais de santo guardam para si todo o conhecimento apreendido em sua carreira sacerdotal e não o transmitem totalmente, nem mesmo no momento em que algum de seus filhos de santo revela o desejo de ter seu próprio terreiro; o que me parece uma contradição, pois deveriam legar conhecimento a estes, para que os terreiros que esses pais dirigem, vistos aqui como casa-mãe, fossem espelho para outros que surgiriam a partir deles.

Mesmo quando um terreiro é derivado de outro, ele aparece como um competidor de sua casa matriz.

Mãe Luiza, entretanto, não negava conhecimento a nenhum de seus filhos de santo e aquela seria a primeira vez que um filho de santo seu abriria um terreiro. A mãe de santo não podia negar que pai Márcio já adquirira muitos conhecimentos desde a chegada a seu terreiro. Jogava búzios para uma clientela que crescia a cada dia, tinha filhos de santo fiéis que ansiavam pela iniciação, e frequentava assiduamente o terreiro da mãe de santo. Pensando em tudo isso, mãe Luiza ensinou a pai Márcio, passo a passo, todos os segredos de como "plantar um axé"; presenteou-o com alguns objetos africanos, que incluíam ervas, favas, pós mágicos e roupas, além de muitas rezas que só fariam fortalecer o novo terreiro que nasceria.

Enquanto isso, pai Márcio, que na época vivia numa casa na região sul de São Paulo, não buscou outra alternativa senão reformá-la, tornando-a capaz de abrigar as instalações de seu terreiro. Mãe Luiza não gostou da posição do filho de santo em relação à escolha do local, nem tampouco aceitou plenamente suas justificativas, já que o aconselhara a comprar algum imóvel longe do centro urbano da cidade, onde certamente teria maiores condições para realizar os rituais próprios da religião.

Pai Márcio alegava que não tinha recursos financeiros para tal, mas com o tempo reuniria o dinheiro suficiente para construir seu terreiro em local apropriado. Vencida depois pelos argumentos do filho, mãe Luiza preferiu não dar mais qualquer opinião, resguardando para si qualquer outra sugestão, não criando conflitos com pai Márcio.

O babalorixá e seus filhos de santo derrubaram paredes, pintaram o imóvel e ansiosos marcaram a data da inauguração. Por coincidência, o pai de santo conheceu uma mulher com aproximadamente cinquenta anos de idade que chegou à sua casa trazida por uma amiga e que, de acordo com o jogo de búzios, deveria se iniciar rapidamente. Ele foi muito cauteloso em me fornecer tal informação porque, mesmo encontrando em suas justificativas a necessidade que o oráculo havia mostrado em relação à iniciação da tal mulher, deixou claro que provocou tal situação já que necessitava, segundo seu desejo, iniciar um primeiro adepto.

São duas situações que se confundem e se complementam, pois pai Márcio conhecera a tal mulher recentemente. Tendo consigo filhos de santo com os quais mantinha maior tempo de relacionamento, provocou enormes conflitos por sua decisão, e que só foram abafados com a afirmação de que o orixá de Vera — assim se chamava a mulher — pedira a iniciação desta imediatamente. Essa decisão confundiu ainda mais os filhos de santo e a própria mãe Luiza, que chamou a atenção do filho de santo para reformular a escolha, no que não foi ouvida por pai Márcio. Como todos os membros do terreiro de pai Márcio estavam movidos pela fé e pelo desejo de sucesso do pai de santo, fizeram dissipar o conflito e aceitaram sua determinação.

Apesar de haver ensinado ao filho de santo todos os rituais propiciatórios para a abertura do terreiro, bem como os de iniciação de um novo adepto, mãe Luiza não compareceu a esses rituais, deixando que ele os realizasse sozinho.

A explicação mais plausível para essa ocorrência é a de que mãe Luiza estaria evitando um confronto com o filho de santo, que ela julgava ser, segundo o próprio pai Márcio, um "homem orgulhoso, teimoso e intolerante". Dessa forma fez com que ele se julgasse autossuficiente para a realização plena de todos os rituais.

No entanto, ele admitiu ter ficado inseguro em certos momentos, pois, apesar de fiel aos ensinamentos de mãe Luiza, imprimia nos rituais por ele realizados alguns outros elementos que aprendera na casa de pai Noel, demonstrando com isso que não abandonara totalmente as práticas vivenciadas anteriormente no terreiro no qual fora filho de santo.

Com o ocorrido, compreendi que no candomblé nunca se põe fim aos conhecimentos que se adquire, e sim se acrescentam novos, fazendo com que "esse diferencial de saber, de competência, sempre referido como aquilo que não pode ser dito, aquilo que não pode ser revelado, que constitui o ' fundamento das coisas do santo'" (Birman, 1975: 101) seja sempre levado em consideração.

Neste caso, mesmo à distância, já existia uma tensão no relacionamento entre mãe Luiza e pai Márcio, embora este não escondesse de sua mãe de santo suas opiniões acerca desta ou daquela forma de se realizar um ritual. Até então, mãe Luiza criticava o filho de santo de forma bem-humorada, chamando-o por adjetivos jocosos, sem comprometimento do relacionamento familiar entre ambos. Mas naquele momento estava em jogo o que mãe Luiza sempre cobrava de seus filhos de santo, que era darem continuidade à tradição, sem romper com o sagrado, aquilo que estava na lei do santo, conforme palavras de pai Márcio.

Este, por outro lado, não acreditava estar descontinuando aquilo que de sagrado existia nos ensinamentos de mãe Luiza. Como nos lembra Douglas, "o sagrado deve sempre ser visto como contagioso porque as relações que se estabelecem com ele se exprimem obrigatoriamente nos ritos de separação e de demarcação e na ideia de que é perigoso ultrapassar certos limites" (Douglas, 2000: 35), e o pai de santo acreditava na eficácia da realização dos rituais, e não no rompimento de seus limites.

Sem levar em conta possíveis comentários de sua mãe de santo, pai Márcio plantou os axés em seu terreiro — expressão que designa os ritos de sacralização de um novo terreiro — e iniciou sua filha de santo para o orixá Oxum. Na noite da iniciação da iaô e após todos os rituais concluídos, mãe Luiza chegou ao terreiro de pai Márcio para abençoar sua neta de santo, conforme suas palavras, e ver se tudo saíra bem. Indagou de pai Márcio acerca de alguns procedimentos rituais, se este havia colocado esta ou aquela folha necessária, e saiu sem dizer mais nada. Ou seja, se estava tudo certo ou se estava tudo errado ele nunca soube, o que deixou meu informante bastante confuso e, mais uma vez, bastante inseguro.

No dia seguinte, o terreiro estava repleto de gente à hora da festa; amigos e familiares de pai Márcio e da nova iaô faziam-se presentes. Pai Márcio havia convidado apenas dois pais de santo, seus amigos há algum tempo. Mãe Luiza chegou ao terreiro acompanhada por alguns filhos de santo e logo foi fazendo as honras da casa, elogiando seu filho de santo para os presentes: afinal, era seu primeiro filho que abria um terreiro, ou, como ela dizia, de sua mangueira nascia a primeira manga. Esta frase mudaria com o passar do tempo, conforme veremos mais adiante.

No contar de pai Márcio, observei que naquele dia mãe Luiza conhecera verdadeiramente os propósitos de seu filho de santo, bem como seus manejos no conduzir o terreiro e até mesmo na forma gestual dessa nova família que surgia; ela percebeu que algo de novo estava acontecendo e com certeza fugiria de seus propósitos.

A começar pelas vestimentas. No terreiro de mãe Luiza, as filhas de santo vestiam trajes à moda africana, com panos amarrados ao corpo, torços imensos na cabeça e muitos colares com peças africanas. No terreiro de pai Márcio, suas filhas de santo vestiam-se à moda das baianas soteropolitanas, com saias armadas por saiotes de goma, com seus torços, muitas pulseiras e balangandãs, imensos panos da costa, num branco tão alvo que fazia doer os olhos. Mãe Luiza confessou que não via a menor graça naquilo, pois, na casa-mãe, de longe a moda da sinhazinha brasileira fora abolida, dando lugar aos trajes mais tradicionais africanos. Pai Márcio confessou que recebeu duras críticas de sua mãe de santo, apegando-se aos trajes das filhas de santo que, segundo ela, retomavam as origens do candomblé brasileiro, e mesmo os trajes rituais de Oxum foram alvo de seu julgamento.

Enquanto me contava estes fatos, pai Márcio lembrou-se de outra ocorrência que o deixou estupefato. Após o período de reclusão a que o noviço se submete para iniciar-se para o orixá no candomblé, ele realiza algumas aparições no dia da festa do nome.[19] Em uma delas traz presa à testa uma pena chamada *ecodidé* (pena vermelha das asas do pássaro *odíde*), que representa um tributo a Oxalá (Vallado, 2002: 107) e também é o símbolo da fala em que o noviço, possuído pelo orixá, dará seu nome para que a comunidade presente tome conhecimento.

No entanto, mãe Luiza mandou que pai Márcio retirasse da testa da iaô de Oxum essa pena, exatamente na terceira aparição pública em que a divindade daria seu nome. Pai Márcio contestou sua mãe de santo, apelando para o conhecimento ancestral acerca da utilização do *ecodidé*, mas nada demoveu mãe Luiza de sua decisão. Assim sendo, mesmo contrariado, ele observou a determinação dela. Pelas declarações de pai Márcio, não pude saber se houve alguma consequência religiosa desse ato, pois não há como deslindar tais fatos; o que soube por ele é que, a partir dali, iniciaram-se vários outros conflitos entre ele e sua mãe de santo.

Como disse anteriormente, pai Márcio tinha outros filhos de santo esperando para se iniciar. Alguns deles já haviam providenciado a compra de todo o material necessário para tal fim, desde um simples lençol até o *ecodidé*. A cada iniciação novas tensões surgiam, fazendo com que pai Márcio tomasse a atitude de apenas comunicar à sua mãe de santo as festas que faria em seu terreiro. Com isso, a convivência entre as duas famílias de santo passou a ser esporádica, o que trouxe muita polêmica entre os membros de ambas as casas.

Pai Márcio explicou a seus filhos de santo quais foram os motivos geradores de tal distanciamento, levando-os a pensar juntos quais atitudes deveriam

---

[19] Sobre o ritual de iniciação ver Vallado, 2002.

tomar, pois na verdade todos se sentiam invadidos em sua organização grupal por mãe Luiza.

Após a exposição de pai Márcio, seus filhos de santo passaram a relatar algumas interferências de mãe Luiza em suas atitudes, à revelia do pai de santo, pois ela sempre os lembrava de que fora ela quem lhe ensinara tudo aquilo que, naquele momento, eles estavam aprendendo. Falava também aos filhos de pai Márcio acerca de como ele se mostrava inseguro em suas atitudes e por vezes esbarrava nas "coisas de fundamento". Dessa forma, promovia em seus netos de santo insegurança e desconfiança diante da conduta do pai.

Repreendia-os em algumas atitudes dizendo a seguinte frase: "... o pai de vocês não ensinou isso, mas eu ensinei a ele, cobrem dele." Ouvindo essas palavras, pai Márcio entendeu que era hora de se precaver do perigo que representavam as atitudes de sua mãe de santo. Nesse sentido, deu-me a entender que o terreiro dele sentia-se atacado de fora, pelas atitudes de mãe Luiza. No entanto, o perigo exterior proporcionou uma solidariedade interna, criando certezas e laços de união. Pai Márcio manteve relações amistosas com mãe Luiza por mais dois anos.

O pai de santo e seus filhos compraram, nesse meio-tempo, um terreno onde foi construída a sede própria do terreiro. Antes da inauguração, pai Márcio solicitou à sua mãe de santo que fosse conhecer a casa com o fim de combinarem como seriam os rituais de sua fundação, bem como preparar a terra — como dito pelo povo de santo — para abrigar definitivamente os assentamentos dos orixás.

Mãe Luiza foi por ele levada até lá. No entanto, bastaram alguns minutos no convívio isolado entre ela e os filhos de santo de pai Márcio para ela dar origem a nova investida por meio de perguntas e insinuações acerca da conduta do pai de santo. Ele não entendia por que sua mãe de santo apreciava causar tanta intriga. Essa indagação atormentou-o por muito tempo, e aí, conforme me disse, começou a alimentar o desejo de deixar de ser filho do axé de mãe Luiza.

Pai Márcio disse que tinha medo de tomar alguma atitude precipitada e novamente recomeçar sua busca por algum outro pai ou mãe de santo. Preferiu, então, acreditar novamente que o tempo acabaria com as diferenças, condenando-se, segundo ele, a aguardar e manter afastada definitivamente sua mãe de santo do convívio de sua família religiosa. Permitiu-se comandar sua família de santo e não mais acatar as opiniões de sua mãe de santo, consideradas por ele desacertadas.

Essa atitude teve consequências desastrosas que acabaram levando pai Márcio a abrir sozinho seu novo terreiro, plantar os axés ele mesmo e realizar todos os sacrifícios propiciatórios para a fundação de seu templo sem qualquer ajuda de sua mãe.

Mãe Luiza isolou-se. Inclusive marcou, para o mesmo dia da inauguração da casa de pai Márcio, uma festa em homenagem a Oxóssi, que é o orixá desse pai de santo. Com isso, criou um divisor de águas, intimando sua família de santo a comparecer à sua festa e deixar de prestigiar esse momento importante na vida religiosa de seu filho de santo, rompendo assim os já fracos laços de fidelidade que pai Márcio mantinha com seu axé.

Com a atitude de mãe Luiza, pai Márcio percebeu que era chegada a hora de deixar seu axé, e assim o fez. Segundo pai Márcio, ele não deu qualquer explicação a ela. Apenas afastou-se dos rituais e do comparecimento às festas em seu terreiro. Com isso, na verdade, não houve uma cisão declarada, mas sim subjacente a essa resolução.

Assim, pai Márcio retomou sua condição de filho de santo sem pai ou mãe de santo, na acepção do termo. Na verdade, pai Márcio foi tomado de preocupação pela nova condição que estava assumindo, e não aceitava a ideia de procurar novamente outro pai de santo, pois não entendia como funcionava esse tipo de relacionamento, já que, como chefe de terreiro, ainda tinha pouca experiência em lidar com esses conflitos.

Ao meu ver, pai Márcio, ao demonstrar sua incapacidade de entendimento sobre os conflitos decorrentes da convivência com o exercício do poder, deixava de lado toda uma experiência anterior como filho de santo, mas não como chefe de terreiro. Observei que ele se via numa nova posição de líder de um grupo de culto, independente e dono de uma nova família de santo.

Houve conflitos anteriores em que apenas na condição de filho de santo sofreu humilhações, tendo que reafirmar vez por outra sua postura perante seus desejos de dar seguimento à prática religiosa. Outras formas de tensão também nortearam sua trajetória, como o teste a que seu caboclo fora submetido.

Ora, desta vez pai Márcio tinha que desempenhar duas posições diferentes: ser pai e filho de santo simultaneamente, com a implicação de que, onde era o chefe espiritual, tinha também a influência de uma segunda pessoa nesse comando. Repito que relações conflituosas entre pais e filhos de santo provocam um processo de ruptura; no entanto, pai Márcio tentou sobremaneira transpor esse processo, mas foi em vão tal empreendimento. Creio que, por esses motivos, ele se negava a entender que esses conflitos eram recorrentes e não algo que se aplicava apenas àquele momento. De qualquer forma, preferiu relegar a outro plano essas questões e retomar sua trajetória.

Durante alguns anos, pai Márcio optou por não assumir outro pai de santo que viesse a cuidar de seus orixás. Tampouco buscou qualquer ajuda, mesmo que sem compromissos, em outras instâncias religiosas. Segundo ele, administrou seu terreiro de forma tranquila nesse período; no entanto, sabia que um dia teria que optar pela escolha de um novo pai de santo que o adotasse.

Novos caminhos

Seis anos se passaram e novamente o orixá de pai Márcio, em dia de festa no terreiro, possuindo-o, declarou que chegara a hora desse encontro. Pai Márcio relutou, mas por fim acabou por conhecer um velho e tradicional sacerdote da nação queto por quem foi assumido como filho de santo.

Ao ser assumido por esse sacerdote, pai Márcio viu-se novamente na situação de ter a liturgia de seu terreiro modificada, temendo a repercussão interna, principalmente por possuir um número considerável de filhos de santo. Mas, para sua surpresa, o velho sacerdote sugeriu poucas modificações, alegando que "não se alterava aquilo que estava dando certo" — palavras de meu informante.

O terreiro de pai Márcio passou a ser tributário de um antigo terreiro queto da Bahia. Ao término de minha pesquisa, eram passados seis anos desde que fora assumido por esse sacerdote. Pai Márcio garantiu-me que nunca houve qualquer tensão ou conflito entre ele e seu pai de santo, embora temesse que em algum momento as ocorrências anteriores pudessem novamente interferir em sua trajetória.

Visto isto, cabe-me ressaltar que a trajetória religiosa de pai Márcio, desde sua adesão ao candomblé, foi bastante conturbada. Optou por iniciar-se num terreiro de nação angola recém-inaugurado, e pelas mãos de uma mãe de santo sem preparo sistemático nas "coisas" do santo, embora ele desconhecesse este último fato. Num intervalo pequeno de tempo, rompeu com esse terreiro, em virtude dos conflitos já explicados, e deu indícios de abandonar a religião. Tempos depois, por interferência de seu orixá, pai Márcio foi aconselhado a continuar sua trajetória religiosa, buscando então guarida num terreiro da nação queto que, segundo ele, tinha bases mais sólidas e um chefe espiritual mais experiente nas questões religiosas. Algum tempo depois ele se afastou desse terreiro, levando consigo uma nova posição enquanto religioso. Embora possuísse pouco tempo de iniciado, recebeu das mãos de seu pai de santo o jogo de búzios. Na sequência de sua saída do templo de pai Noel, pai Márcio foi assumido como filho por uma mãe de santo que buscou na africanização de seu terreiro uma forma de legitimar-se como sacerdotisa, tendo como pano de fundo a África e considerando sua casa um pequeno templo africano tradicional, como nos moldes discutidos por Beatriz G. Dantas, onde buscou a "pureza nagô" (Dantas, 1988). No terreiro dessa mãe de santo, pai Márcio recebeu seu título de senioridade, abrindo, tempos depois, seu próprio terreiro, dando início a uma nova família de santo, nos moldes sugeridos por Costa Lima (1977). Novamente surgiram conflitos na convivência entre mãe e filho de santo, e pai Márcio afastou-se do terreiro de mãe Luiza. Dessa vez não houve um rompimento formal, como ocorrera anteriormente com seus outros pais de santo. Pai Márcio garantiu que a cumprimenta e por vezes conversa formalmente com ela, quando ambos se encontram em algum evento público. Em suas palavras, "ficou o dito pelo não dito". De qualquer forma, houve um rompimento dos laços religiosos que anteriormente ambos mantinham.

Ao final, pai Márcio por seis anos desenvolveu suas atividades religiosas sozinho, sem a presença de um pai ou mãe de santo, e conseguiu, conforme observei, construir seu terreiro num espaço físico razoável, bem como possuir um número considerável de filhos de santo. Mesmo com esses atributos, necessitou novamente estar aos cuidados de um sacerdote, encontrando acolhida num pai de santo que mantinha ligações profundas com um antigo terreiro da Bahia. Portanto, mesmo com algumas diferenças na forma de culto aos orixás, pai Márcio abandonou as formas citadas como africanas puras por mãe Luiza para retomar algumas liturgias aprendidas no terreiro de pai Noel, já que este também tinha ligações com terreiros baianos.

Nesse trânsito de casas e, por conseguinte, de axés, pai Márcio, apesar de todos os conflitos vividos e decorrentes dessas ligações, obteve vasto aprendizado em diversos segmentos e concepções da religião dos orixás.

Ouvindo meu parecer, pai Márcio afirmou que, apesar de sua convivência com todos esses terreiros e com seus mandatários, jamais fez o que declarou como um "mix" dos rituais no culto aos orixás. Ao que me parece e conforme já apontei, o conhecimento, que foi paulatinamente adquirido por meu informante, pouco a pouco foi sendo acrescido de uma experiência ímpar na convivência com os vários axés.

Assim sendo, dois sentidos me parecem claros. O primeiro diz respeito à permanência constante num mesmo axé — como no linguajar do povo de santo —, obedecendo a uma só liturgia e consequentemente absorvendo informações por uma única mão e vez por outra as adquirindo na convivência com outrem. No segundo sentido há que se validar, embora havendo contestação, a trajetória com adesões e rupturas, o que normalmente deriva de conflitos e, por que não dizer, propicia uma larga experiência religiosa. Ambos os sentidos estão presentes na biografia do povo de santo. Na verdade, nunca saberemos qual dos dois será o caminho mais válido para um membro do candomblé.

CAPÍTULO VI

TABU

O candomblé é uma religião de tabus. Mas os mesmos tabus não se aplicam a todos indistintamente, e sim a grupos diferenciados que são definidos pelo orixá de cabeça, pelo *odu*[20] ou por outra marca de origem. Cada iniciado carrega uma lista de tabus que lhe são próprios. Conhecer os tabus que se aplicam a cada caso é ter poder.

Se, por um lado, o candomblé não é uma religião que divide o mundo em bem e mal e onde, portanto, não há pecado, por outro ele estabelece um forte condicionamento da vida, que se traduz por uma série de interditos. Como afirmou Durkheim, "não há religião em que não existam interdições" (Durkheim, 1996: 318), mas no candomblé as interdições ocupam um lugar especial nos preceitos. Embora o autor não concorde com a utilização da palavra tabu para distinguir as interdições impostas pela religião, ele sustenta o fato de que tabu era — e ainda é — palavra tão usual que seria ideologicamente incorreta a sua não-utilização. Durkheim acrescenta que tem que se ter cuidado ao utilizá-la, necessário se faz precisar seu sentido e seu alcance (Durkheim, 1996).

No candomblé, o tabu é chamado de *euó*[21] ou de *quizila* (Costa Lima, 1977; Augras, 1987), e significa uma proibição referente a alimentos, roupas, atos, práticas etc. Descumprir os tabus significa desrespeitar os mandamentos do candomblé. A violação dos tabus gera punição e implica necessidade de reparação. A lei do santo determina isto. No candomblé, essa reparação requer

---

[20] *Odu* (*òdù*) é cada uma das configurações formadas pelas combinações dos 16 búzios, conforme estejam abertos ou fechados. Cada "figura" formada num lançamento está associada a formas divinatórias (Vallado: 2002: 69).

[21] A palavra *euó* (*èèwò*) em iorubá significa "coisa proibida" ou "coisa-proibida-de-comer" (Costa Lima, 1977; Augras, 1987) e é mais falada em terreiros de nação queto. Quizila, palavra de origem banta com o mesmo significado, é mais usada em terreiros de nação angola.

sacrifício, o que redunda pensar em uma força sagrada que é destinada aos deuses que tiveram suas determinações violadas. Não devemos perder de vista que os rituais reparatórios são determinados pelo chefe do terreiro; portanto, a ele também é destinada uma parte dessa força sagrada, pois ele é o elo de ligação entre os orixás e seus seguidores. Neste sentido tomo a menção de Monique Augras, que escreveu: "o poder é sagrado para quem o possui, e execrável para quem fica de fora" (Augras, 1989: 45).

No candomblé, as ações de seus adeptos são controladas pelos tabus. Realmente, não há a noção de pecado; não há culpa nem arrependimento, e meios mágicos são operados para sanar os males provocados pela quebra da proibição, sem no entanto apelar diretamente para a consciência individual.

Ao que parece, não é tarefa fácil ser interlocutor entre o mundo dos deuses e o mundo dos homens, concluindo-se que quem tem poder deve ter sabedoria, e no candomblé é o chefe do terreiro que, afinal de contas, consulta o jogo de búzios ou interpreta as determinações dos orixás em transe, indicando a pena pela quebra do interdito. É fundamental para o candomblé que esta lei seja respeitada.

Tabus dos orixás

Para se ter uma ideia melhor da amplitude e importância dos tabus, vejamos quais são as proibições principais dos filhos de santo, de acordo com o orixá ao qual pertencem, e também aquelas destinadas ao povo de santo em geral. Vou considerar aqui os preceitos básicos da nação queto, uma vez que também as proibições variam de nação para nação.

É tarefa do pai de santo relatar a seus filhos no orixá quais são essas imposições. Se o orixá é uma forma de individuação, é também um elo efetivo entre o indivíduo e o grupo religioso ao qual pertence. Como já disse anteriormente, os terreiros são universos particulares, e me arriscaria a afirmar que com crenças religiosas próprias, dispondo de poderes repressivos para se perpetuarem. Uma dessas formas é o conjunto de tabus.

Roger Bastide, a seu tempo, disse que "os sociólogos norte-americanos insistem muito no que designam como 'expectativa de comportamento'. Pois bem, a expectativa de comportamento no candomblé está regulada pelo que se conhece do orixá da pessoa e do 'papel' místico que o orixá lhe impõe..." (Bastide, 2001: 240). Temos que saber quais são os tabus que o orixá impõe a seu seguidor e que regularão seu comportamento dentro e fora do terreiro.

Exu (Èṣù)

A ideia do que pode e do que não pode ser feito encontra ambiguidade quando se trata dos tabus que ao orixá Exu se atribuem. No Brasil poucos são os terreiros que têm filhos iniciados para essa divindade, e chega a ser tabu falar no tema, talvez por suas características já descritas por Claude Lépine (1978), Pierre Verger (1985) e Reginaldo Prandi (1991), ou ainda por outras criadas continuamente pelo povo de santo. Escutei um informante dizer que "Exu é tão imprevisível que não dá tempo para a gente cumprir o que ele manda, que logo vem outra quizila, e quizila é coisa séria".

Com base na afirmação anterior e em outras tantas que anotei em campo, pude entender que Exu, em particular, difere dos outros orixás quando o tema é tabu. Diz o povo de santo que Exu, contraditório e afeito às maldades e pilhérias, tem seus tabus mas regozija-se quando descumprem suas determinações. Parece-me oportuno considerar o que Augras, citando Mauss, disse: "os tabus são feitos para serem violados" (Augras, 1987: 56). E nada melhor do que Exu para se ocupar desse fato. Transgredir o tabu é também, como o próprio Exu, percorrer novamente o mesmo caminho, ou seja, começar tudo sempre e outra vez, ou, simbolicamente, caminhar por sobre uma espiral, infinitamente, sem limites.

Assim é Exu, paradoxo por natureza.

Exu não carrega nada na cabeça; não se traja de branco, pois esta é a cor predileta de Oxalá, divindade da criação, visto como seu opositor. Ele não "come" o sangue e nem a carne de carneiro ou de caracóis (*igbín*), pois o sangue desses animais é frio. Exu não aceita que lhe ofereçam azeite de oliva ou outros oleaginosos incolores, por pertencerem principalmente a Oxalá. Não deve receber sacrifícios de animais ao meio-dia, pois acredita o povo de santo que é nesta hora que Exu metamorfoseia-se, oscilando entre ser uma divindade boa ou má, brincalhona ou intrigante. Além disso, escutei de um informante que ele não aprecia que mulheres lhe sacrifiquem animais, por não possuírem pênis, uma vez que sua representação é o *ogó* (cetro em forma de falo), símbolo da fecundidade de onde brota o sêmen. Disse-me outro informante que é proibido às mulheres entrarem na casa de Exu e, quando há necessidade de o fazerem, devem prender suas saias entre as pernas, fazendo com que pareçam calças, pois o Compadre — como Exu é chamado em alguns terreiros — não aprecia em nada que mulheres participem de seus rituais. Tudo isso é proibição, e tem mais.

Num tom preconceituoso e grosseiro, este informante, que é babalorixá, afirmou que Exu só gosta de mulheres para "transar". Em relação à casa de Exu, não se deve varrê-la, pois o orixá debandaria para a rua, necessitando-se de sacrifícios para trazê-lo novamente à sua moradia. Nesse sentido observei que, em alguns terreiros, os pais de santo utilizam-se de correntes com o intuito de prender Exu a seu assentamento. Em algumas ocasiões, soltam-lhe as correntes para que saia à rua para fazer algum serviço encomendado por alguém. Esta última expressão é muito utilizada pelo povo de santo. Há sempre o sentido da utilização dos serviços de Exu em troca de alguma oferenda. Por outro lado, alguns pais de santo incitam Exu contra algum inimigo pessoal, do grupo ou mesmo de algum cliente do terreiro, oferecendo-lhe justamente algum alimento ou bebida que lhe é tabu, mas justificando-se junto a ele, dizendo que foi o tal inimigo que lhe mandou a encomenda.

Por ser esta prática muito difundida entre o povo de santo, onde transgredir o tabu também é uma forma de atacar, através do poder de Exu, algum desafeto, os mais velhos no santo acreditam que tal oferenda deve ser feita pela manhã, pois, se Exu encontrar o inimigo dormindo, poderá voltar-se contra aquele que lhe encomendou o trabalho.

Exu tem horror à hortaliça chamada serralha (*Sonchus oleraceus*), muito embora esta seja de origem europeia, da família das Asteráceas.

Exu detesta bebida doce, mas em alguns terreiros lhe oferecem refrigerantes, quando é invocado na forma de exu-mirim, e champanhe naqueles terreiros onde se cultuam as pombagiras, consideradas mulheres de Exu ou Exus femininos.

Existem interdições que não são exclusivas de Exu, e que também fazem parte do culto de outros orixás.

Em contrapartida aos tabus que Exu impõe a todo o povo de santo, há um viés interessante a se observar. Segundo alguns informantes, os mais velhos no santo têm por hábito descumprir os desígnios dos orixás, alegando já terem adquirido poder religioso suficiente sobre si mesmos e sobre as divindades, incluindo Exu, o mais temido dos orixás. Chamam-no de "meu escravo" ou se valem de termos pejorativos para se referirem a ele. Essa forma de agir explicita a disputa que há dentro dos terreiros entre aquilo que o orixá designa como interdito e aquilo que o antigo adepto entende como poder adquirido, como se o conhecimento cancelasse os interditos. Para dirimir seus erros, esses religiosos utilizam-se de sortilégios vários, dizendo que assim o orixá determinou.

Até agora falei dos tabus de Exu, mas carece lembrar que seus adeptos, isto é, os seus filhos diretos, têm interditos pessoais além daqueles que todo o grupo afro-brasileiro se propõe a respeitar.

Filhos de Exu não devem carregar nada na cabeça; não devem usar chapéu em forma de cone nem, como me disse um informante, poderão fantasiar-se de palhaço ou de fada, ou colocar na cabeça aqueles chapeuzinhos que são comuns nas festas infantis.

Não devem comer caracóis, carne de cobra, abóbora, abacaxi, peixe de pele (este interdito me parece ser de todos os orixás) e algumas comidas brancas. Filhos de Exu não devem comer cabeça, pés e miúdos de animais, seja de que origem for. Devem abster-se de bebidas alcoólicas, pois se acredita em alguns terreiros que filhos de Exu serão sempre alcoólatras, e por vezes vagabundos, briguentos e mulherengos.

Filhos de Exu não devem usar trajes na cor preta, ou então preta e vermelha simultaneamente. Uma mãe de santo alegou que são cores simbolicamente ligadas ao sangue vermelho dos animais e ao negro da noite. Talvez por isso o povo de santo diga que filhos de Exu não devem estar à meia-noite na rua, principalmente numa encruzilhada, porque tanto essa hora como esse local pertencem a esse orixá, pois, como Augras escreveu, "em todas as encruzilhadas do espaço e do tempo, reina Exu, senhor da liminaridade e dos poderes de transformação" (Augras, 1987: 71).

Uma das principais dificuldades que encontrei para apurar os tabus impostos aos filhos de Exu foi em relação ao que me pareceu um pacto de segredo que os chefes de terreiro imputam a seu culto. Muitos preceitos de Exu não são revelados, nem mesmo a seus filhos, levando-os à transgressão de tabus constantemente, como que a brincar com eles, mas no sentido amplo do termo, pondo à prova sua ligação real com esta divindade. Já que Exu brinca e trapaceia todo o tempo, nada melhor do que ter seus próprios filhos como vítimas de suas brincadeiras.

Ogum (Ògún)

Ogum é a divindade da guerra. Conquistador e obstinado, Ogum enfrenta todas as adversidades com seus instrumentos de luta. Por estar sempre na guerra e no encalço de seus oponentes, este orixá prefere que seu local de adoração seja em mata fechada, de modo que, de seu assentamento, ele possa espreitar o inimigo. Nos terreiros há sempre uma representação material de Ogum ao pé de alguma árvore, de preferência cajazeira ou mangueira, que a ele são devotadas, ou então no meio de dracenas (coqueiro-de-vênus), sempre como referência à floresta. Ogum não gosta de ser visto cara a cara. Cobre todo o corpo com folhas de *màriwò* (dendezeiro) desfiadas.

Como seu irmão Exu, Ogum não gosta de azeite doce, preferindo o azeite de dendê, embora uma qualidade (invocação, avatar) desse orixá, chamada Ogunjá, aprecie sua comida temperada com os dois tipos de azeite. Ogum é conhecido nos mitos como divindade misógina e, apesar disso, lhe atribuem características de amante viril e sexualmente potente com as mulheres. Por essa característica, prefere que seus sacrifícios sejam realizados por homens, embora nesse aspecto seja bem mais tolerante que Exu.

Ogum não tolera mentiras e atribui aos faltantes forte represália, principalmente quando lhe prometem algo e não cumprem. Nos rituais de iniciação, normalmente nos terreiros mais tradicionais e seus descendentes, e mais recentemente naqueles africanizados, fazem realizar um ritual em que o recém-iniciado, encostando a lâmina da faca na língua, promete a Ogum cumprir todos os preceitos sem a quebra de nenhum tabu. Os filhos de todas as outras divindades fazem esse mesmo juramento em nome de Ogum. Ele é aquele que abre os caminhos. Contrariá-lo significa ser penalizado até com a morte.

Não se deve oferecer pato a Ogum, pois esta ave pertence à sua mãe mítica Iemanjá. Segundo uma antiga mãe de santo, se oferecermos esta ave a ele, Iemanjá ficará "quizilada", pois é ela que tem toda a paciência para tirar pena por pena do pato sacrificado, e não seu filho Ogum, que tem boas qualidades, menos a de ser paciente.

Ogum não gosta que reguem seu assentamento com bebida alcoólica. Presenciei certa vez um sacrifício a este orixá em que a mãe de santo lhe ofereceu ao final uma aguardente chamada gim, colocada dentro de uma cabaça. Perguntada sobre a razão do uso de tal bebida, ela alegou que o gim é a bebida que mais se parece com o vinho de palma, aguardente consagrada a Ogum na África. Uma explicação da não-utilização do álcool em seu assentamento foi dada por um pai de santo maranhense que alegou ser a bebida muito excitante e quente, o que poderia deflagrar a fúria em Ogum, que, num impulso, poderia matar a todos.

Desde que não esqueçam de lhe fazer oferendas, o orixá da guerra é flexível com relação aos animais que lhe são oferecidos em sacrifício, pois, como um bravo guerreiro, não tem muito tempo para isso e necessita seguir viagem. No entanto, além de ter horror a pato, Ogum prefere animais machos, de cores escuras, pois cores claras pertencem aos orixás femininos e a Oxalá. Não tolera os caracóis, pois estes têm sangue frio e transparente. Diz um *oriqui*[22] de Ogum:

> *Se você fizer inhame, você dá um pouco para Ogum.*
> *Se você fizer um pouco de carne, você dá um pouco para Ogum.*
> *Se você trouxer vinho para beber, você dá um pouco para Ogum.*
> *Porque Ogum come de tudo.*
> *Porque Ogum é dono de tudo.*
> *Ogum pode brigar.*

---

[22] *Oriquis* (*oríkì*) são frases que falam de proezas e qualidades atribuídas aos orixás, em forma de versos, que relatam particularidades desses ancestrais míticos que compõem a pessoa (Vallado, 2002: 67).

A vassoura não deve ser usada nos locais consagrados a Ogum, seja de que material for. O chão da casa de Ogum, de terra batida ou não, deve ser limpo com as próprias mãos ou utilizando-se de outro instrumento que não a vassoura. É corrente na fala do povo de santo que a vassoura pertence a Nanã, é seu instrumento para varrer a morte. Devemos lembrar que Nanã é o orixá que não usa em seus sacrifícios a faca de Ogum, por não querer curvar-se diante dele. Em represália, ele não usa nenhum dos objetos sagrados de Nanã e raramente comparece aos rituais onde a deusa é louvada.

Povo de Ogum, apesar de intolerante, impulsivo e arrebatador, é aquele que mais padece com as exigências de sua divindade, assim diz o povo de santo. Filhos de Ogum não devem beber aguardente de qualquer natureza, pois estariam inclinados ao alcoolismo; não devem comer carne de bode, principalmente uma comida típica nordestina chamada buchada. A eles também está proibido o consumo de rã, pois, além de ser o réptil de que Ogum tem medo, a rã pertence a Nanã, inimiga mítica do orixá.

As frutas proibidas aos filhos de Ogum são manga, cajá, banana-ouro e melão-de-são-caetano; os vegetais são serralha e repolho roxo.

É curioso lembrar que, durante o período de iniciação, os noviços de qualquer orixá não podem mirar-se no espelho, sob pena de Ogum enfurecer-se, pois nesse período somente ele pode mirá-los, como a defendê-los de algum inimigo. Soube, por uma informante filiada a um terreiro tradicional baiano, que Ogum não gosta de ver sua imagem refletida, o que remete ao mito em que ele foi vencido por Oxum numa batalha. A deusa utilizou-se de muitas conchas para afugentar o exército comandado por Ogum, que tinha como propósito invadir seu reino. Eram tantas as conchas usadas por Oxum que Ogum e seus comandados fugiram ao se verem refletidos nelas, pensando que eram muitos os soldados de Oxum. Este tabu de Ogum acabou por se estender não somente a seus noviços mas também aos filhos de outros orixás.

Por pertencer a um orixá desconfiado e astuto, gente de Ogum não deve permitir que alguém, principalmente um desconhecido, permaneça sobre sua sombra. A sombra também representa *Icu*, a Morte, e Ogum nunca morreu por força de Icu, e sim por sua própria iniciativa (Prandi, 2000).

Filho de Ogum não deve fazer brincadeiras usando facas e objetos cortantes, pois é com eles que o orixá golpeia suas vítimas e faz seus sacrifícios rituais.

Oxóssi (Òsóòsì)

Mais tranquilo que Ogum, irmão que o criou e ensinou-lhe o uso das ferramentas de caça e agricultura, Oxóssi é a divindade da caça e da abastança alimentar por excelência.

Por ser caçador, Oxóssi recebe em sacrifício toda espécie de animais e aves que podem ser caçadas em suas matas. Porém, ao final dos sacrifícios, é um sacrilégio para alguns terreiros depositar em seu assentamento as cabeças dos animais sacrificados. Segundo uma informante, Oxóssi "quizila" se vir essas cabeças, pois ele não gosta de saber que lhe abateram todos aqueles animais. Afinal, ele vive nas matas e só caça animais para sustento de sua família. Nesses terreiros, após os sacrifícios a Oxóssi, as cabeças são entregues a Exu, que, com sua grande boca, alimenta-se das oferendas dadas pelo irmão mais novo.

Oxóssi não se alimenta de galinhas brancas nem tampouco de répteis, principalmente o lagarto.

Como Ogum, ele não tolera que reguem seu assentamento com bebida alcoólica. Mas diferente desse irmão, Oxóssi não aprecia que deixem ao lado de sua representação material um vaso contendo infusões de ervas. Perguntado sobre esse tabu, o Prof. Agenor Miranda Rocha contou-me que, quando isso ocorre, Oxóssi lembra-se do encantamento feito por Ossaim para atraí-lo e prendê-lo na floresta. Além disso, o Prof. Agenor afirmou ser proibido aos filhos de Oxóssi assoviar dentro do terreiro, sob pena de descontentá-lo. Afinal, foi assim que Ossaim o atraiu antes que o fizesse beber de suas ervas encantadas.

Além do álcool, o caçador não tolera o mel, seu maior tabu, o que por mim foi observado em todos os terreiros pesquisados. Alguns chefes de terreiro alegaram que a causa não é o mel oferecido, mas sim o fato de que Oxóssi tem horror às moscas que possivelmente seriam atraídas pelo mel despejado sobre suas oferendas. Outros alegaram que o mel é seu alimento sagrado, mas só ele, quando em transe, pode usá-lo para regar suas representações e seus alimentos. Finalmente, um velho sacerdote me disse que nada disso era verdade, mas que o mel, assim como as aguardentes, dá sonolência em Oxóssi, o que deixaria o caçador enfurecido por não poder caçar continuamente. Por sua vez, conta um mito que Oxum usou o mel para se cobrir de folhas e se disfarçar de entidade da floresta a fim de conquistar o amor de Oxóssi, que não se interessava pelas mulheres do rio.

Por querer viver sempre ao ar livre, as representações materiais de Oxóssi encontram-se, como as de Ogum, em locais escuros ou escondidos dos terreiros, ou então ao pé de uma árvore frondosa.

Elegantes, desconfiados e provedores, aos filhos de Oxóssi está proibido o consumo de mel e das bebidas alcoólicas, pelas razões citadas anteriormente. Não devem comer jaca, pois é fruto da árvore *apaoká*, que se acredita ser uma espécie de mãe do orixá caçador. Segundo o povo de santo, era lá, à sombra dessa árvore, que Oxóssi descansava, e foi recostado em seu tronco que ele se encantou. É tabu para o povo de Oxóssi comer abacaxi e demais frutas ácidas, além de coco e milho vermelho, com os quais se prepara o axoxô, comida predileta do caçador.

Em alguns templos, a seus filhos está proibido o consumo de banana de qualquer qualidade. Diz-se que Oxum foi a causadora de tal tabu. Contaram-me que a deusa preparou uma comida contendo banana para atrair Oxóssi, que passava por seu povoado e estava faminto. Sem que ele percebesse, Oxum cozinhou as bananas com suco de jaca, provocando um sono profundo no caçador. Oxum, então, sorrateiramente apossou-se de todas as plumas que ele levava consigo para enfeitar seu chapéu em dia de festa. Em decorrência desse fato, além de não poderem comer banana, filhos de Oxóssi também não devem vestir-se com trajes que sejam enfeitados com plumas ou penas.

Filhos do caçador não podem comer répteis, principalmente o lagarto, inclusive a carne bovina que tem esse mesmo nome (Augras, 1987). Por Oxóssi respeitar cegamente os tabus de seu irmão Ogum, seus filhos diretos não podem comer cajá nem tampouco brincar com instrumentos cortantes ou de caça.

Oxóssi não gosta que seus filhos caminhem pela noite sozinhos ou em locais escuros, pois foi durante a noite que ele foi atraído por Ossaim. A meia-noite é a hora proibida para a realização de rituais em favor do caçador. Em alguns terreiros, seus chefes não permitem o transe da divindade nessa hora.

Ossaim (*Òsanyìn*)
Irmão de Exu, Ogum e Oxóssi, Ossaim é patrono da vegetação da qual o povo de santo retira as folhas utilizadas nas funções litúrgicas e no preparo de poções mágicas que curam doenças.

Diferentemente de seus irmãos Ogum e Oxóssi, Ossaim aprecia as aguardentes de maneira geral e também o fumo, principalmente o fumo de rolo. Seria contrariá-lo não oferecer tais elementos em seus rituais.

Ossaim não aprecia comidas contendo caroços ou sementes, isto porque é deles que novas plantas e árvores são geradas. Não admite que se apanhe qualquer folha sem seu consentimento. Por isso, em alguns terreiros, um filho de santo, de preferência homem, é preparado para tal fim, recebendo o cargo a denominação de *olossaim*, ou seja, senhor das ervas.

O orixá das folhas não permite, como Oxóssi, que se assovie no terreiro, mas com sentido oposto ao alegado pelo orixá caçador. O assovio sempre aparece no transe de Ossaim, embora alguns terreiros, principalmente os africanizados, não admitam o transe deste orixá. O assovio de Ossaim é sua forma de encantamento e de atração. Ossaim não gosta de viver sozinho, e por isso sua representação material está sempre ao lado das de Ogum e Oxóssi, e com eles recebe oferendas.

Conheci, nos terreiros por mim pesquisados, poucos filhos desta divindade, mas a todos é proibido assoviar. Povo de Ossaim não pode fumar cigarros de palha feitos com fumo de rolo, nem tampouco beber cachaça. Não deve comer folha de taioba, grão-de-bico, milho vermelho ou espiga de milho.

Seus filhos diretos não devem dormir na mata, nem acampar aí, pois o povo de santo acredita ser esse local uma espécie de altar sagrado de Ossaim.

Povo de Ossaim não dança nem brinca apoiado-se numa perna só, pois é afirmação da maioria dos pais de santo que a divindade tem uma única perna e um único olho. Portanto, nas palavras de um deles, filho de Ossaim nunca deve fantasiar-se cobrindo um dos olhos.

Logum Edé (*Lógunède***)**
Filho de Oxóssi e Oxum, Logum Edé é um caçador que habita parte do tempo na mata e a outra parte nas águas. É uma divindade considerada bissexual pelo povo de santo. Durante minha pesquisa, este aspecto foi muitas vezes lembrado pelos informantes e alguns deles alegaram que este orixá não gosta que iniciem mulheres para serem suas servas, considerando isto um tabu.

Logum Edé, por ser divindade bissexual, aceita somente em seus sacrifícios animais machos e fêmeas oferecidos juntos. Também não se pode oferecer a ele somente o milho vermelho de Oxóssi sem acrescentar o feijão-fradinho tão apreciado por Oxum. E esse fator se repete com seus trajes rituais e objetos sagrados. Assim, não se pode vestir Logum Edé somente de azul-turquesa, cor predileta de Oxóssi, sem a presença do amarelo de sua mãe Oxum.

Apesar das variações apresentadas por sua personalidade, Logum Edé não admite que se mude de ideia, seja no momento da realização de um ritual ou até mesmo na forma de se cantar uma louvação. Disse-me um antigo pai de santo que, ao se cantar para este orixá, não se pode mudar o tom de voz, sob pena de Logum Edé não escutar a saudação.

Um de seus oriquis diz o inverso daquilo que é tabu para a divindade:

> *Orgulhoso deus que possui um corpo muito belo.*
> *Ele diz assim e faz assim.*

Por isso, mesmo seus filhos não devem mudar de ideia constantemente. É tabu para filhos de Logum Edé, nos momentos de ira, bater com a cabeça em algum objeto, até mesmo num travesseiro, inclusive nos momentos em que têm crises de enxaqueca, outra de suas características.

Pesquisando acerca dos orixás na África, Verger anotou a seguinte informação sobre Logum Edé: "esse deus, segundo se conta na África, tem aversão por roupas vermelhas ou marrons. Nenhum dos seus adeptos ousaria utilizar essas cores no seu vestuário" (Verger, 1981: 115). Nos terreiros brasileiros mais tradicionais e naqueles africanizados, esta interdição é respeitada.

Filhos de Logum Edé não se alimentam de feijão-fradinho, milho vermelho, coco, peixe de pele, jaca, banana-d'água, coelho, codorna e faisão.

Não devem brincar com espelhos pois, como Narciso, o orixá aprecia ficar mirando seu corpo e sua beleza.

Obaluaê (<u>O</u>bal<u>ú</u>ayê)

Deus da varíola e das doenças contagiosas, Obaluaê ou Omulu, como também é conhecido, talvez seja a divindade que mais tabus imponha ao povo de santo. Temido nos terreiros de candomblé, seu nome dificilmente é pronunciado em vão e, quando o faz, o povo de santo bate na boca com as mãos ou então diz "*ago*" ou "*ma bi nú*", palavras iorubás que significam um pedido de licença e também uma alegação de que não é com ele, Obaluaê, que se está falando. Conclui-se que o próprio nome do orixá já é um tabu.

Obaluaê gosta que seu assentamento esteja em local fechado e escuro, coberto por palha (*ìko*) ou folhas de dendezeiro, e que lhe ofereçam regularmente pipoca (*dóburú*), pois ao contrário poderá lançar-se contra seus seguidores e causar-lhes doenças de pele. Diz o povo de santo que as pipocas significam as pústulas que cobrem o corpo de Obaluaê.

A divindade da terra quente aprecia o silêncio; sua saudação "*atóto*" quer dizer justamente isto. Portanto, é proibido falar alto nos dias a ele consagrados, pois com isso Obaluaê poderá não ouvir o que lhe pedem, ou então escutar as frases ao contrário da forma como são pronunciadas. Quando Obaluaê demonstra sua contrariedade por alguma causa, seja em transe ou mesmo através do jogo de búzios, os pais de santo costumam pedir-lhe o inverso do que desejam, apaziguando assim a fúria do deus da varíola.

Em alguns terreiros, é interditada a entrada e permanência das mulheres na casa do Velho — apelido carinhoso e respeitoso com o qual o povo de santo se refere a Obaluaê —, salvo se forem iniciadas para ele ou se já passaram pela menopausa.

Quase como uma regra geral para os terreiros, não se pode olhar detidamente para o assentamento desse orixá sem que ele se incomode. Obaluaê se quizila. Como disse uma informante, até mesmo com perguntas que lhe façam através do oráculo ele se incomoda. No mês de agosto, o povo de santo faz realizar o *Olubajé*, festa em homenagem ao Velho e a toda sua família mítica, ou seja, Nanã, Oxumarê, Euá e Iroco. Esta linhagem varia de acordo com os costumes do terreiro onde a festa ocorre. Nesse dia são preparados os alimentos prediletos de Obaluaê e de sua família, e que serão distribuídos pela divindade aos devotos e visitantes do terreiro, mas somente no momento de seu transe, pois, passado esse momento, toda a comida deverá ser despachada onde ele determinar. É proibido levar as comidas do Olubajé para casa ou distribuí-las indistintamente. Obaluaê poderá demandar doenças e miséria para aquele grupo em particular.

Seus filhos não podem comer carne de porco nem de carneiro, peixes de pele, caranguejo e nenhum outro animal que viva em pântanos, em respeito à sua mãe Nanã que lá habita. Não se alimentam de frutos de trepadeiras, como uva e maracujá. A eles são interditados legumes e frutos que nasçam rastejando, como abóbora, melancia etc.

Não devem vestir-se com as cores preta, branca e vermelha conjuntamente, nem tampouco totalmente de preto. Não devem estar na rua ao meio-dia, pois o povo de santo diz que é nessa hora que o Velho passa varrendo todos para a casa de *Icu* (a Morte).

Por utilizar-se das folhas de Ossaim para fazer seus remédios, Obaluaê não permite que seus filhos assoviem, respeitando o tabu de seu companheiro nas curas que realiza.

Povo do Velho preferencialmente não deve visitar cemitérios, hospitais ou outros locais onde a Morte está presente. Seus iniciados não devem carregar féretro sobre os ombros, nem tampouco acompanhar o enterro dos despojos do falecido. A eles também é proibido jogar os três punhados de terra como tão habitualmente se faz nos sepultamentos.

Nanã (*Nànà*)

Segundo Verger (1981), Nanã é considerada na África a mais antiga divindade das águas. No Brasil é conhecida como a mãe de Obaluaê, Oxumarê e Euá, e é divindade relacionada à morte. Habita as águas paradas e os pântanos, de onde retira a argila para a criação dos homens por Oxalá.

Seu maior tabu é a utilização da faca em seus sacrifícios, fazendo lembrar sua rivalidade com Ogum. Nanã não aprecia oferendas de répteis ou animais de cores escuras, preferindo cabra e galinha branca. A avó dos orixás, como é considerada, implica com as cores verde e marrom, as cores de suas águas barrentas.

Por ser divindade que participa da criação da humanidade, quando paramentada, Nanã gosta que lhe ornamentem as vestes com muitos búzios, que representam o sêmen humano. A falta dos búzios poderá provocar ira em Nanã, ocasionando a infertilidade dos seres humanos e a miséria.

Antigos pais de santo alegam que Nanã tem verdadeiro horror ao sexo masculino, e ela dificilmente tem filhos homens. Quando isso ocorre, ao seu iniciado são impostos preceitos como o de se manter privado de relações sexuais por um período maior do que aquele exigido pelas outras divindades. Ele também não deve dormir com mulher grávida ou que teve parto recente.

Seus filhos são solitários, moralistas e rabugentos por natureza; estão sempre mal-humorados, mas sempre dispostos a ajudar os necessitados. A eles é proibido o consumo de répteis, caranguejo, carneiro, pimenta e taioba.

Não devem vestir-se com as cores lilás, marrom e verde. Nanã não aprecia que seus filhos usem joias vistosas, nem tampouco que saiam pela noite a se divertir e a beber. Exige deles um comportamento sempre sóbrio e calado. Certa vez presenciei Nanã, em transe numa filha de santo, exigindo que a mãe de santo do terreiro lhe entregasse um *atori* (vara feita do galho da goiabeira), com o qual surrou a filha faltante. Depois do ocorrido, a mãe de santo explicou-me que a filha de Nanã criara conflitos sem qualquer razão com uma irmã de santo e, como não se desculpara, a deusa castigou-a com a surra.

Nanã não perdoa quem usa seu nome em vão — lembrando que esta é uma atitude recorrente entre os orixás que habitam o fundo da terra.

Embora Nanã aprecie o uso do azeite de dendê em seus alimentos, não permite que seus filhos o consumam, assim como o sal, que é elemento excitante. O uso em excesso desses produtos incomoda o orixá da lama.

Oxumarê (Òṣùmàrè)

Divindade do arco-íris, da chuva e da movimentação dos astros, Oxumarê é representado pela serpente. Alguns terreiros o veem como divindade hermafrodita, oferecendo-lhe sacrifícios de animais de ambos os sexos simultaneamente. Não obedecer a esta determinação significaria causar a ira de Oxumarê.

Por ser a serpente sua representação maior, Oxumarê não permite que os seguidores do candomblé se alimentem de cobra, nem tampouco que a matem, dentro ou fora do terreiro. Por consequência, todo e qualquer objeto que represente sua serpente está proibido de ser utilizado.

O arco-íris também é sua representação maior; Oxumarê não admite que se aponte com as mãos para ele, e o povo de santo deve reverenciá-lo com sua saudação: "*Arroboboi*". No candomblé acredita-se que, quando o arco-íris surge no céu, ele representa o próprio Oxumarê, que, conforme as chuvas que o precedem, demonstrará sua satisfação ou desagrado por algo que os humanos lhe fizeram.

Oxumarê, quando se paramenta, gosta de tecidos coloridos como o arco-íris, mas detesta que o adornem com laços, como é hábito nas vestimentas dos outros orixás. Seus *ojás* (faixas longas de tecidos) devem ser trançados imitando uma cobra.

Como tudo que se multiplica, Oxumarê gosta de búzios, símbolo da fertilidade e da riqueza. Portanto seus trajes são bordados com essa concha, não havendo outro elemento que a substitua. A ausência de búzios demanda contrariedade do orixá das chuvas.

Oxumarê não permite a seus seguidores que rastejem no chão. Não devem assoviar nem tampouco trinar, pois o primeiro som lembra o movimento da cobra e o último refere-se ao som manifestado pelo orixá quando em transe. Filho de Oxumarê não come cobra, caranguejo e nenhum animal que rasteja. A ele está proibido o consumo de peixe seco, maracujá, abacaxi e melancia de casca listrada. Não deve vestir-se com a cor preta, nem enrolar lenços e cachecóis no pescoço.

Senhor da chuva e conhecido em alguns terreiros como o escravo de Xangô, que trazia água do céu para o palácio do rei, Oxumarê não admite que seus filhos, em época de preceito, apanhem chuva na cabeça, nem tampouco que admirem o arco-íris no céu, pois a divindade poderia possuí-los incontinenti. No caso em que seus seguidores não entram em transe, como ocorre com ogãs e equedes, o orixá demonstrará sua contrariedade de outra maneira. Aliás, esse procedimento parece ser regra geral a todos os orixás.

Euá (*Yewá*)
Orixá da invisibilidade, conhecida também como deusa da morte, Euá é cultuada na África nas margens do rio que leva seu nome. Alguns de meus interlocutores me disseram que o culto de Euá é repleto de fundamentos, e por isso mesmo a deusa está deixando de ser cultuada no Brasil. Outros alegaram o mesmo fato justificando-o pela proibição que Euá impõe aos homens de participarem dos seus sacrifícios e demais rituais, por ser ela divindade da castidade.[23] Às vezes a confundem com Oxum, outras vezes com Iemanjá, mas, nos terreiros mais tradicionais, podem-se encontrar ainda alguns iniciados para essa divindade. A maioria de meus entrevistados se esquivou de dar-me informações sobre Euá, uns dizendo ser um tabu falar-se nela e sobre ela, outros

---

[23] Explicação para este fato pode ser encontrada em *Mitologia dos orixás* (Prandi, 2000: 241).

dizendo que não a cultuavam na família de santo a que pertenciam; outros ainda a confundiam com as divindades que já citei.

Segundo o povo de santo, dois são os principais tabus de Euá. O primeiro diz respeito ao transe de possessão. Segundo a maioria de meus informantes, por ser o orixá casto, Euá não possui nenhum homem em transe, e são raros aqueles que nos candomblés brasileiros são iniciados para ela, como é o caso do Prof. Agenor Miranda Rocha, que tem Oxalá como seu primeiro orixá.

O segundo tabu diz respeito à utilização de galinhas em seus sacrifícios rituais. Euá aceita apenas uma espécie delas, a galinha-d'água. Ela é encontrada em áreas ribeirinhas, daí a dificuldade de mantê-la em cativeiro. Tem pena e bico vermelhos, sendo esta a cor emblemática de Euá.

Além das bebidas alcoólicas, a deusa da invisibilidade não aceita que lhe ofereçam sal, melancia de casca listrada, abacaxi e grão-de-bico.

Quando paramentada em dias de festa, Euá não aprecia que lhe cubram o rosto com a cortina de franjas, com a qual se adorna o *adè*, coroa ritual das divindades femininas. Euá não usa coroa, apenas um torço em forma de trança. Por outro lado, é tabu olhar em direção aos olhos de Euá. Além de outras atribuições que lhe conferem no candomblé, Euá é conhecida como a divindade da adivinhação, e um de seus oriquis diz:

> *Nós estamos olhando para Euá, e não podemos vê-la.*
> *Nós estamos olhando para Euá, mamãe, e assim não dormiremos.*
> *Assim não descansaremos.*
> *Nós estamos olhando para Euá.*

Uma antiga mãe de santo me disse que "se a gente olhar para os olhos de Euá, nunca mais dormiremos e nunca mais descansaremos, pois ela nos castigará com a morte".

De suas filhas diretas, já que exceção rara são os homens, o orixá exige que sejam castas, daí em alguns terreiros seus chefes acreditarem ser necessário iniciar filhas de Euá em tenra idade ou já idosas, quando estas já tiverem perdido a apetência sexual. Noutros casos, estes pais de santo fazem rituais propiciatórios para que a deusa aceite que suas filhas mantenham relações sexuais sem contrariá-la. Apesar de tudo, Euá dá muitos filhos às suas seguidoras, pois também é vista como aquela que é apegada às crianças.

Povo de Euá não come galinha de nenhuma espécie, peixe de pele, abacaxi e frutas ácidas em geral; e por respeito à avó mítica, que é Nanã, não deve comer rã nem se vestir com a cor roxa.

Por ser o cemitério a morada de Euá, a seus filhos é proibida a entrada e permanência nesse local. O povo de santo acredita que Euá e Icu (a Morte) habitam juntas o cemitério e, portanto, estar aí é abreviar a vida na Terra.

Xangô (_Sangó_)
Deus do trovão, do fogo e da justiça, Xangô foi o quarto alafim de Oió. Conforme conta um mito, Xangô enforcou-se depois de atear fogo no seu palácio, vitimando toda a sua família. Ao povo de santo é proibido mencionar tal fato dentro do terreiro, principalmente naqueles em que o orixá é o patrono.

Por ter sido um mortal, Xangô não pode ser louvado na cerimônia do axexê, pois tal fato provocaria sua fúria, levando-o a abandonar seus devotos no terreiro. Diz o povo de santo que Xangô tem medo de egum, mas isso é rebatido por antigos pais de santo, segundo os quais o deus da justiça não gosta de egum pelo frio que emana de sua presença. Os restos mortais de um corpo são sempre frios. O repúdio de Xangô a elementos frios estende-se às suas comidas votivas, principalmente o amalá. Xangô come muito, mas sempre comidas muito quentes.

O assentamento de Xangô deve ser feito numa gamela de madeira, por determinação de Oxalá, conforme o mito contado por Prandi (2000: 280), segundo o qual, por castigo, ele come em recipiente feito de madeira, como o cocho em que comem os animais e escravos. O assento deverá conter a pedra de raio, o _edun-ará_. O povo de santo diz que é conveniente cumprir tal prescrição, pois seu descumprimento significa uma ofensa para Xangô.

Ele gosta que lhe ofereçam o orobô (_orogbó_), noz de cola-amarga, tendo aversão ao obi, outra noz que as demais divindades apreciam.

Filhos de Xangô não devem dormir debaixo de árvores, pois com isso instigariam o instinto suicida do orixá, que se enforcou numa árvore. Não devem ir a cemitério nem acompanhar enterros.

Povo de Xangô não come feijão branco e nenhum tipo de fava. Não deve alimentar-se de carne de porco (Prandi: 2000: 274). Filho de Xangô não come abacaxi, amora, maracujá e obi. Não deve brincar com fogo e não pode pular fogueira, pois o fogo é elemento poderoso de seu orixá.

Oiá (_Oya_)
Orixá dos ventos e das tempestades, Oiá (ou Iansã) é também divindade do fogo, assim como seu marido Xangô, a quem, segundo alguns mitos, ela deu esse poder. Nos terreiros também a chamam de _Iyáegun_, título que lhe confere o comando do mundo dos mortos.

Iansã não aprecia as iguarias que a Xangô são oferecidas, sendo um interdito arriá-las próximas a seu assentamento. O carneiro é o animal que ela repudia como oferenda. Prandi conta, em *Mitologia dos orixás*, quais foram as razões que levaram Oiá a detestar esse animal (Prandi, 2000: 299-300). Tamanho é o repúdio que, nos dias em que Xangô recebe oferenda de carneiro, alguns pais de santo cobrem o assentamento de Oiá com um pano branco.

Ao carneiro se acrescenta a rejeição de Oiá à tartaruga, também animal de Xangô. A deusa não aprecia abóbora, e Ibalê (*Igbalé*), uma qualidade de Oiá, não recebe o azeite de dendê em suas oferendas.

A seus filhos diretos está proibido o consumo de carneiro, tartaruga e caranguejo. Não devem comer abóbora, sapoti e melão-de-são-caetano. Os filhos de Oiá Ibalê não devem alimentar-se de comidas temperadas com azeite de dendê.

Povo de Oiá não deve nadar no mar em dia de tormenta. Disseram-me que a tempestade no mar representa a discórdia entre Oiá e sua mãe Iemanjá. Como é ciumenta de seus filhos, Oiá não permite que eles entrem durante a tormenta no mar, que é a casa de Iemanjá. Passada a chuva, entretanto, mãe e filha fazem as pazes.

Como Xangô, Oiá não permite que seus filhos brinquem com fogo.

Obá (*Obà*)

Obá é uma das mulheres de Xangô e, dizem, a menos amada por ele. É divindade das águas e da sociedade *Elééko*, que não foi constituída no Brasil. Enganada por Oxum, Obá decepou a orelha para conquistar o amor de Xangô, conforme conta um mito (Prandi, 2000: 314). Por isso ela não admite que o povo de santo, nos terreiros, relate tal fato, mas na maioria deles essa interdição não é respeitada.

Para alguns dos velhos sacerdotes do candomblé, durante o xirê, os filhos de santo não deveriam fazer coreografias nas danças de Obá que lembrassem o decepamento de sua orelha. Mas é muito comum, nas danças rituais da deusa, os filhos de santo colocarem a mão espalmada sobre uma das orelhas, alternando esse movimento. Apesar de ser forte tabu de Obá, observei essa prática na maioria dos terreiros em que assisti às danças deste orixá.

Em dias de festa, quando Obá se manifesta em um de seus iniciados, Oxum não poderá estar presente, pois a deusa poderia precipitar-se sobre ela. Em alguns terreiros esse tabu é respeitado, noutros ambas podem estar presentes, mas Oxum não permaneceria no salão durante as danças de Obá.

Obá detesta taioba e serralha. Não recebe oferendas de marisco, caranguejo e carne de porco, nem tampouco de galinhas brancas.

Povo de Obá não deve usar brincos, em alusão ao incidente da orelha. O metal dourado não deve estar presente nos adornos que seus filhos diretos usam. Este fato mostra a rivalidade que Obá mantém com Oxum, deusa do ouro e dos metais preciosos.

Filhos de Obá não comem carneiro, ovo cru e inhame. A banana-ouro a eles é proibida. Não devem utilizar-se do mel em excesso na preparação de seus alimentos.

Oxum (Òṣun)
A mais amada das esposas de Xangô, Oxum é a divindade das águas doces e calmas, das fontes e dos regatos. Atribui-se a ela o princípio feminino da criação. No Brasil é conhecida como a deusa do amor.

Oxum odeia que lhe ofereçam quiabo. Conta um mito que Xangô prendeu Oxum em seu castelo, obrigando-a diariamente a comer com ele o amalá, comida preparada à base de quiabo. Muitas foram as vezes em que Oxum se alimentou de quiabo, até que um dia ela conseguiu fugir do palácio de Xangô, com a ajuda de Ogum, indo viver com ele longe dos olhos do rei de Oió.

A deusa do amor guerreia com Obá todo o tempo. Apesar de haver induzido Obá a cortar uma das orelhas por amor a Xangô, em represália esta fez com que Oxum se queimasse no fogareiro, criando-lhe temor pelo fogo. O fogo tornou-se assim um de seus tabus.

Quando algum abiã se inicia para Obá, deve agradar primeiramente Oxum, para que esta se apazigue e aceite a sua entrada. Com relação a este fato, uma mãe de santo disse-me que Oxum não implica com os filhos de Obá, mas sim com o orixá.

Oxum odeia que lhe ofereçam comidas temperadas com azeite de dendê e pimenta, embora uma qualidade da deusa, *Apará*, aprecie estes temperos.

Seus filhos diretos não devem comer camarão, sardinha, quiabo, abóbora e melancia de casca listrada, por esta última lembrar o útero materno, segundo acredita o povo de santo.

Não devem quebrar ovo, pois, para Oxum, ele é o símbolo da gestação que ela protege.

A deusa não permite que suas filhas entrem menstruadas em suas águas, podendo castigá-las com a esterilidade. Assim diz o povo de santo.

Iemanjá (Yemoja)
Iemanjá é a divindade do rio Ogum, localizado na Nigéria. Na América, para onde seu culto foi trazido pelos escravos de tradição iorubá, transformou-se em

deusa do mar. No Brasil, além de senhora do mar, ela é considerada a mãe de todos orixás e *Iyáorí* (mãe das cabeças) do povo de santo (Vallado, 2002).

Este orixá tem horror a cães, conforme nos contou Lydia Cabrera (1980: 45); por isso, é melhor mantê-los distantes do *peji* onde se encontram os seus assentamentos.

A deusa do mar não gosta da cor vermelha, que não deve estar em suas vestes nem em outros objetos que lhe são consagrados. O vermelho representa para Iemanjá o sangue menstrual. Ao lado de Oxalá, Iemanjá é divindade da criação e, sempre que a menstruação ocorre nas mulheres, a deusa considera que um ser humano deixou de ser criado. Portanto, o "o sangue [menstrual] encontra-se na situação insustentável de um indivíduo morto que nunca viveu" (Douglas, 2000: 117).

Iemanjá não recebe oferendas de uvas vermelhas, mamão e abacaxi. Não aprecia os frutos do mar, além dos peixes de pele. A seus filhos está proibido o consumo destes alimentos, bem como vestir-se com a cor vermelha.

Em alguns terreiros, filhos de Iemanjá são proibidos de entrar no mar, considerado a morada deste orixá, não podendo sequer pisar na areia onde as ondas se quebram. Talvez este tabu esteja relacionado com o significado do nome da deusa, segundo o qual ela é a Mãe-dos-Filhos-Peixes. Muitos são os mitos que relatam que Iemanjá vem buscar seus filhos para viver com ela no mar.

Iemanjá é a mãe das cabeças humanas, e por isso proíbe seus filhos de permitirem que qualquer pessoa lhes passe a mão na cabeça. Para ela, a cabeça é sagrada e, principalmente, lhe pertence.

Além da cabeça, Iemanjá é zelosa com os seios de suas devotas, que normalmente são bem fartos. Nos seus templos africanos, é geralmente representada por uma escultura de mulher de estrutura larga, tendo os seios fartos apoiados nas mãos (Vallado, 2002: 25). A deusa não permite que suas filhas lhes mudem a forma e o tamanho; portanto, não devem fazer cirurgia plástica, excetuando--se obviamente casos de enfermidade que necessite tal procedimento. O povo de santo considera este o seu maior tabu.

Oxalá (*Òṣàlá*)

O Grande Orixá (Verger, 1981), Oxalá é incontestavelmente a maior e mais respeitada divindade do panteão iorubá. Deus da criação dos homens, é também divindade do pensamento, do silêncio, do frio e dos defeitos físicos.

Em seus rituais, Oxalá recebe apenas alimentos brancos, sem sal e sem azeite de dendê, além de proibir as bebidas alcoólicas.

Oxalá surge nos terreiros sob dois aspectos. Num ele é o jovem guerreiro conhecido como Oxaguiã; noutro ele é um velho alquebrado que se apoia num cajado para caminhar, Oxalufã. Ambos vestem-se de branco; no entanto, nas roupas rituais de Oxaguiã, a cor azul-real estabelece sua ligação com o orixá Ogum, guerreiro como ele, e que usa essa cor em suas vestimentas. Em seus dias de festa, o povo de santo comparece aos terreiros vestido com roupas brancas.

Oxalá impõe outras proibições ao povo de santo. Assim, durante o período de suas obrigações rituais, ele não permite que se tome bebida alcoólica, café ou outras bebidas de cor. A comida deve ser temperada sem sal e, sempre que possível, deve ser branca.

Os velhos no santo dizem que, se um templo é consagrado a Oxalá, todos os seus fiéis devem vestir-se de branco em qualquer circunstância, o terreiro deve ser um local silencioso e todas as suas instalações físicas devem ser caiadas de branco.

Mesmo não gostando de elementos que não sejam brancos, na maioria dos terreiros lhe sacrificam animais de sangue vermelho, embora sejam sempre na cor branca. Nesses templos, o povo de santo oferece a Oxalá apenas fêmeas desses animais, aludindo à sua posição de orixá criador dos homens.

Terreiros africanizados preferem oferecer a Oxalá o catassol (*igbín*, caracol), ou "boizinho de Oxalá", como é chamado pelo povo de santo, e que tem o sangue transparente e frio, como o esperma, outro líquido que está associado a essa divindade.

Percebi uma controvérsia entre o povo de santo acerca do sangue vermelho e quente que é oferecido a Oxalá, mas não obtive nenhuma explicação que desse conta deste fato. Parece-me ser também um tabu falar desse assunto. Apenas um pai de santo disse-me que não se encontra o catassol com facilidade no mercado de produtos religiosos e que, assim, a alternativa que ele encontrou foi a de sacrificar os animais de sangue vermelho, o que é feito fora do recinto onde os assentamentos de Oxalá se encontram, despejando o sangue vermelho em pouca quantidade sobre as pedras sagradas do orixá.

Pierre Verger assinalou que assistiu na África, precisamente em Ilê-Ifé, ao sacrifício de cabras num templo de Oxalá. No entanto, após o sacrifício, as representações do orixá foram lavadas com um preparado de folhas sagradas colhidas numa floresta (Verger, 1981: 255). Conforme minha pesquisa, nos terreiros que foram africanizados nas últimas décadas do século passado, não existe a prática de sacrificar animais de sangue vermelho a Oxalá; limitam-se a oferecer o ibim (*igbín*).

Filhos de Oxalá não se vestem com a cor preta nem tampouco com a cor vermelha, principalmente se estiverem combinadas. Não devem tomar bebidas alcoólicas. Não devem comer peixe de pele, como o bagre, ou comidas temperadas com sal em excesso ou com azeite de dendê, e, portanto, a eles, está proibido o consumo de acarajé, iguaria que tanto agrada ao povo de santo.

Na maioria dos terreiros de candomblé, filhos de Oxalá guardam a sexta-feira, dia que é consagrado à divindade, vestindo-se de branco e mantendo-se castos. Nesse dia devem comer apenas alimentos brancos. O povo de santo diz que vestir-se de branco na sexta-feira e manter-se casto é regra geral para todos nos terreiros, independendo de qual divindade a que se pertence; afinal, foi Oxalá quem criou os homens, merecendo o respeito de todos.

Para resumir, os tabus podem ser organizados num quadro como aqueles apresentados por Claude Lépine (1982). O Quadro 1 resume as informações obtidas a partir de minha pesquisa, repetindo-se, em grande parte, os dados de Lépine. Além dos tabus referidos no texto, o quadro inclui outros itens que podem ser reunidos na categoria dos objetos e utensílios.

QUADRO 1 — TABUS DOS ORIXÁS

ORIXÁ	ANIMAIS*	INGREDIENTES, TEMPEROS E BEBIDAS	ALIMENTOS	CORES	OBJETOS E UTENSÍLIOS
Exu	carneiro, *igbín*, peixe de pele	azeite doce, *àdín*, *òrí*, bebidas doces	comidas brancas, verduras em geral	branco	vassoura
Ogum	carneiro, pato, répteis, *igbín*	cachaça, *àdin*, bebidas doces	banana-ouro, cajá, repolho roxo, serralha	roxo	vassoura, espelho
Oxóssi	cabeças dos animais sacrificados, aves brancas, répteis	mel, cachaça	jaca, abacaxi, banana, feijão branco, abobrinha,	preto	
Ossaim			grão-de-bico, milho vermelho		
Logum Edé	sacrifícios de animais de um único sexo		abacaxi	vermelho e marrom	

ORIXÁ	ANIMAIS*	INGREDIENTES, TEMPEROS E BEBIDAS	ALIMENTOS	CORES	OBJETOS E UTENSÍLIOS
Obaluaê	carneiro, caranguejo	cachaça	jaca, folhas e frutos de plantas trepadeiras e rastejantes		
Nanã	carneiro, répteis, galinhas vermelhas	pimenta, bebidas alcoólicas	taioba	verde e marrom	faca
Oxumarê	carneiro, peixes		peixe seco, abacaxi, frutos rastejantes e ervas trepadeiras		
Euá	galinha	pimenta, sal, bebidas alcoólicas	melancia de casca listrada, abacaxi, grão-de-bico	roxo	coroa (adê)
Xangô	bode, porco	obi	obi, feijão branco, abacaxi, amora e maracujá		oferecer alimentos em recipientes feitos de material diferente de madeira
Iansã	carneiro, cágado, caranguejo		abóbora, melão		
Obá	carneiro, galinha branca, porco, caranguejo	bebidas alcoólicas, pimenta	serralha, mariscos	amarelo	brincos
Oxum	carneiro, sardinha	bebidas alcoólicas, pimenta, azeite de dendê	quiabo, melancia de casca listrada, abóbora	vermelho	
Iemanjá	cachorro	pimenta, sal	quiabo, abacaxi, mamão, uva vermelha, frutos do mar	vermelho	
Oxaguiã		sal, azeite de dendê, bebidas alcoólicas		todas exceto o branco e o azul-real	
Oxalufã		sal, azeite de dendê, bebidas alcoólicas		todas exceto a branca	

* *O peixe de pele é proibido a todos os orixás.*

De forma bastante sucinta, apresentei alguns tabus que os orixás impõem no seu culto individual, bem como aquelas implicâncias que prescrevem a seus devotos. Poderia me estender e talvez aprofundar ainda mais minhas observações, mas ocorre que cada terreiro tem uma forma bastante particular de impor os tabus a seus filiados. São semelhantes e também diversos, como tudo no candomblé.

Além dos tabus dos orixás, vimos que há os tabus dos odus. Acredita-se que cada ser humano, ao nascer, carrega consigo um destino que repete fatos míticos acontecidos em gerações passadas. Os iorubás acreditam que o tempo é cíclico e que tudo se repete (Prandi, 2001).

Cada odu revela quais são as histórias que se repetiriam na vida de uma pessoa e, portanto, como ela deve viver e que tabus deve respeitar para ter uma vida livre de problemas. A determinação do odu é feita pelo jogo de búzios e faz parte do processo iniciático.

O Quadro 2 apresenta os *euós* dos odus, os quais fazem parte da arte da adivinhação do jogo de búzios, que cada pai de santo deve saber manejar. O conhecimento dos tabus dos odus pelo pai de santo é muito valorizado nos meios do candomblé, dá prestígio e poder.

Não é meu objetivo aqui prolongar-me num estudo mais pormenorizado sobre os odus, nem tampouco tratar das formas divinatórias. Apresento apenas um quadro com os nomes pelos quais os odus são conhecidos na nação queto, bem como os tabus que devem ser prescritos àqueles que os têm como signo.

QUADRO 2 — TABUS DOS ODUS

NOME DO ODU	INTERDITOS
Ocanrã	Não lavar roupa no rio. Não ficar nervoso quando incitado por alguém. Não zombar de quem usa roupa velha. Não pescar.
Ejiocô	Não brigar com as pessoas. Não usar facão para cortar árvores. Não subir numa montanha à noite. Não dormir no escuro.
Etaogundá	Não usar roupa da cor vermelha à noite. Não colher e cortar pimenta vermelha. Não brincar com martelo. Não deixar de ser generoso. Não andar a cavalo.
Irossum	Não mentir. Não rezar aos orixás sem pedir licença à cabeça (ori). Não nadar no mar. Não cortar folhas da bananeira.
Oxé	Não pescar. Não dormir no escuro. Não tomar banho quente. Não comer ibim (*igbín*). Não morar distante de um rio ou lago.
Obará	Não usar faca para raspar panela. Não apanhar laranja no pé. Não lavar roupa sobre pedras do rio. Não subir em árvores.

NOME DO ODU	INTERDITOS
Odi	Não ficar nervoso. Não subir no dendezeiro. Não fazer cova para defunto. Não ter relação amorosa com companheiro(a) de amigo(a).
Ejionilê	Não carregar objetos sobre a cabeça. Não nadar em rio. Não responder a chamados sem saber antes quem chama. Não dormir na mata. Não dormir no escuro.
Ossá	Não remar na canoa. Não usar roupas dos outros. Não apartar briga dos outros. Não comer comida na panela. Não matar morcego. Não quebrar ossos de galinha.
Ofum	Não dormir no escuro. Não usar roupas coloridas, dando preferência a roupas brancas. Não comer carne de cachorro. Não dormir com mulher grávida. Não cortar bambu. Não urinar em rio. Não comer inhame cozido.
Ouorim	Não tem tabus.
Ejila-Xeborá	Não ouvir som de objetos raspando metal. Não permanecer em local onde houver briga. Não recolher água da chuva. Não vender acarajé. Não brincar com egungum. Não cortar árvore para vender.

Apesar de serem 16 os odus, no jogo de búzios somente esses 12 são considerados.

No candomblé existem outros conjuntos de interditos que se aplicam a determinadas situações e rituais. Além dos interditos dos orixás e dos odus, existem aqueles que são de caráter mais geral, que se aplicam de maneira abrangente nas relações entre os membros do terreiro e no contexto geral da vida cotidiana do grupo. Há interditos ligados aos trajes rituais; outros são cumpridos por um pequeno grupo de adeptos, como, por exemplo, aqueles que fazem suas obrigações numa mesma época, os chamados "irmãos de barco"; há ainda aqueles tabus que os pais de santo têm individualmente e que acabam sendo estendidos a seus filhos de santo.

A quebra dos interditos enfraquece o grupo enquanto forma de reciprocidade; a família de santo substitui a família biológica, portanto "as relações deixam de ser 'naturais' para se tornarem 'culturais'" (Augras, 1989: 24), resultando em conflitos ainda maiores, pois, no terreiro, algumas concessões que ocorrem na família secular nem sempre são levadas em consideração.

Mas tudo se justifica pela lei do santo do que pode e do que não pode, e o que fazer quando algum tabu é violado. Nestes termos, arrisco-me a afirmar que a solução para a violação de um tabu pode ser vista como um ritual no candomblé. Ela permite, na medida que soluciona a questão, a preservação dos ritos, dos mitos, da solidariedade do grupo e dos demais preceitos da religião dos orixás, bem como estimula a memória do povo de santo, remetendo-a a um passado distante, mesmo sendo o candomblé fruto remanescente e mesmo enfraquecido da matriz africana.

Se existe solução para a quebra dos tabus, existem também os conflitos decorrentes de sua violação. Um dos principais conflitos, na ordem de tantos outros que ocorrem nos terreiros de candomblé, é a ocorrência do incesto intragrupal. O incesto é tabu, sua prática representa perigo nos moldes estudados por Douglas (2000) e colabora grandemente para a desestruturação do grupo religioso. Vivaldo da Costa Lima (1977) pesquisou a questão do tabu do incesto tendo como base empírica a família de santo baiana, e sua reflexão pode ser estendida a todos os terreiros de candomblé brasileiros.

Em minha pesquisa sobre o incesto na família de santo, enfoquei a solução para os conflitos daí decorrentes. A busca de solução é dada por modelos diferentes, mas que acabam por repetir-se nos terreiros de candomblé. Num caso de incesto no terreiro, pouca coisa pode ser feita, a não ser a tomada de medidas drásticas, como expulsão das partes envolvidas, humilhações públicas e até surras dos orixás incorporados nos faltantes, dependendo do caso. Os pais de santo também buscam soluções mágicas ou ainda alternativas, como bem já citei em capítulo anterior. Quando o protagonista do ato do incesto é o próprio chefe do terreiro, a punição e a solução para esta questão, acredita o povo de santo, se daria por meio da justiça dos orixás. No entanto, isto também é muito relativo e nem sempre observado, lembrou-me uma mãe de santo, uma vez que a autoridade máxima do terreiro é, neste caso, o próprio protagonista da ação do incesto, réu e juiz. O que pude observar é que há muita sutileza nas palavras dos pais de santo quando o tema é incesto. Muitos foram unânimes em dizer-me que tomam medidas radicais para impedir tal ocorrência, e que aplicam penalidades quando o fato se dá, conforme manda a lei do santo.

Outro tabu é importante. Como ocorre em muitas religiões antigas, também no candomblé a perda de sangue e de fluidos corporais deixa o fiel impuro. As relações sexuais (com perda de sêmen e líquido vaginal) e a menstruação tornam as pessoas temporariamente incapacitadas para as mais diferentes atividades rituais. Para participar das cerimônias, é preciso "ter o corpo limpo". É frequente dizer que o ideal para ser mãe de santo é ter passado pela menopausa e estar inapetente para o sexo — o que também se aplicaria aos homens. Nessa etapa biológica, não há mais impureza do corpo, não ocorrem mais os impedimentos do tabu do sangue.

No candomblé, todo tabu é acompanhado de uma penalidade, que pode ser uma doença, a perda de bens, a perda de um amor, a perda de emprego, a ocorrência de acidentes de toda natureza e a morte em último caso.

Quando um dos males aflige um filho ou filha de santo, acredita-se que foi provocado pela quebra de algum dos tabus desse filho(a). E mais, pode ser que não se saiba exatamente que tabu é esse, acusando-se o pai ou a mãe de santo de não ter conhecimento suficiente para orientar os filhos quanto à prevenção e à solução. Além do conflito que isso provoca, o filho de santo prejudicado pode buscar orientação com outro sacerdote. Quando isso se dá, o pai de santo procurado invariavelmente acusa o outro de não saber como resolver o problema. O que nem sempre é verdadeiro, pois, em seu território, cada qual pode aplicar um tabu diferente para cada categoria de ação.

No candomblé há um considerável grau de permissividade, pois, para o povo de santo, o orixá e o pai de santo podem tudo e deliberam sobre tudo, ou, como disse Costa Lima, "no candomblé tem jeito pra tudo" (1977: 170).

Tabus, modelos de comportamento, disciplina, prêmio e punição são inerentes ao culto dos orixás.

Tudo segue regras que não acabam mais, regras aprendidas num contexto de mistério, oralidade e hierarquia, pois tudo tem sua hora e seu lugar.

Dizem até que saber o que é proibido é mais importante do que saber o que é permitido. Pois ignorar a proibição implica castigo, sofrimento e conflito. O poder do pai de santo também depende desse conhecimento.

CAPÍTULO VII

MITO

O fiel que se pôs em contato com seu deus não é apenas um homem que percebe verdades novas que o descrente ignora, é um homem que pode mais.

(Durkheim, 1996: 456)

O candomblé não conta com um livro sagrado, com uma escritura, mas está fundamentado em rica e complexa mitologia transmitida pela oralidade de geração a geração, herdada dos povos iorubás pelos filhos de santo dos terreiros afro-brasileiros, como também ocorreu em outros países americanos. Só recentemente tal corpo mítico vem sendo compilado de modo mais amplo, como se pode ver na obra *Mitologia dos orixás*, de Reginaldo Prandi (2000), embora mitos estejam presentes há mais tempo na produção de inúmeros cientistas sociais, como Pierre Verger (1957, 1981, 1985), Juana Elbein dos Santos (1976), René Ribeiro (1978), Monique Augras (1983), Júlio Braga (1988) e Rita Laura Segato (1995), entre outros.

Os mitos contam histórias dos orixás, de antepassados e de homens que viveram nos tempos primordiais, relatam fatos da natureza, explicam o mundo. Os mitos fazem parte da instituição do oráculo, que identifica a origem mítica de cada um, lê seu destino, descortina seus problemas, diagnostica seus males e prescreve os meios para a cura de tudo quanto é tipo de aflição.

Com os mitos aprendemos uma lição básica: o homem repete em sua vida secular aquilo que os deuses fizeram no começo de tudo, por isso o "homem imita os gestos exemplares dos deuses, repete as ações deles, quer se trate de uma simples função fisiológica, como a alimentação, quer de uma atividade social, econômica, cultural, militar etc." (Eliade, 1999: 87). Nos mitos encontramos orientação para o comportamento, que toma as aventuras dos orixás como modelos ideais de ação neste mundo. É também nos mitos que descobrimos os valores fundamentais da cultura africana legada a nós pela diáspora, e também as regras práticas para o bem-estar do homem neste mundo.

Nas primeiras décadas do século XX, quando o candomblé se consolidava, o então jovem Agenor Miranda Rocha, inúmeras vezes citado neste trabalho, copiou num caderno os mitos do jogo de búzios ditados por sua mãe de santo, Aninha Obabiyi, fundadora do Axé Opô Afonjá. Durante longo período, o Prof. Agenor deixou que copiassem seus escritos, com o intuito de ajudar aqueles que necessitavam de tais conhecimentos. Um desses exemplares esteve nas mãos de mãe Agripina, escolhida por mãe Aninha para dirigir o Axé Opô Afonjá no Rio de Janeiro. Nos anos 1950, mãe Agripina emprestou seu caderno a Mãe Senhora, então ialorixá do Axé Opô Afonjá de Salvador, que, recebendo a visita do etnógrafo e fotógrafo Pierre Verger, cedeu-lhe também tal exemplar. De posse deste, Verger atribuiu sua autoria a mãe Agripina.

Em 1982, o mesmo texto foi publicado na África por Willfred F. Fauser e José Mariano Carneiro da Cunha no livro *Dílógún: Brazilian Tales of Yorùbá Divination Discovered in Bahia by Pierre Verger*. A autoria dos escritos também foi atribuída a mãe Agripina, sem qualquer citação do Prof. Agenor.

No Brasil outros autores também fizeram uso desses escritos, entre eles o antropólogo e babalorixá Júlio Braga[24] e Mestre Didi, Deoscóredes Maximiliano dos Santos.[25] Ambos utilizaram-se apenas dos mitos que o trabalho apresentava, talvez por desconhecimento da real autoria deste, e também o nome do Prof. Agenor permaneceu ignorado.

Cerca de setenta anos depois, Reginaldo Prandi editou o caderno, que foi publicado com o título de *Caminhos de odu* (Rocha, 1999), tornando pública a verdadeira autoria dos escritos. Eu estava na casa do Prof. Agenor quando este entregou a Prandi o original contendo os escritos, e pude participar do entusiasmo com que o velho *oluô* acatou a ideia da publicação do caderno.

Reginaldo Prandi incluiu os mitos escritos pelo Prof. Agenor em seu livro *Mitologia dos orixás*.

Os mitos de *Caminhos de odu* podem ser entendidos como fonte e síntese brasileira desse pensamento africano já radicado em solo brasileiro, e adaptado às condições de vida na Bahia do começo do século XX, isto é, no berço do candomblé, no momento de seu nascimento.

---

[24] *Contos afro-brasileiros* (Salvador, Fundação Cultural do Estado da Bahia, 1980).

[25] *Contos negros da Bahia* (1961), *Contos nagô* (1963), *Contos crioulos da Bahia* (1976) e *Contos de Mestre Didi* (1981).

Do que trata essa mitologia, quais são os valores básicos que ela sublinha, o que recomenda? Como apresenta e resolve as questões ligadas ao poder, ao conhecimento e ao conflito?

É nessa literatura mítica que podemos encontrar a legitimação e a orientação de certo estilo de vida que parece ser muito próprio do candomblé.

Vejamos aonde nos leva a leitura dos mitos de *Caminhos de odu*.

Todos os 72 mitos apresentados no livro referem-se à necessidade do ser humano de viver bem e alcançar seus objetivos existenciais, como a boa fortuna, o poder, a fama, a prosperidade, a vitória, a paciência, o trabalho, a boa saúde, a fidelidade entre pares, mas também à necessidade de livrar-se das aflições, da desarmonia, do ciúme, da ganância, da falsidade, da perversidade, da perseguição e de todos os sofrimentos da Terra. Por isso, prescrições mágicas são indicadas para a realização de cada propósito.

Assim, os mitos retratam a necessidade de seguir os conselhos do oluô de maneira cuidadosa e acertada para que o objetivo seja atingido. Normalmente, aqueles que não fazem a oferenda enfrentam dificuldades de toda monta. Ao contrário, aqueles que realizam a oferenda, seguindo os preceitos, conseguem bons resultados. Ao meu ver, os preceitos, como aparecem nas formulações do Prof. Agenor, estão prescritos na lei do santo tal qual formulada na época de seus escritos, e que com certeza ainda encontra desdobramentos no candomblé dos dias de hoje.

Sutilmente, o velho oluô instiga o leitor, que pode ser desde um leigo até um antigo sacerdote do candomblé, a questionar por que, nas prescrições dos *ebós*, aparece, ao final da receita, a abreviatura "etc.". Perguntado sobre este fato, o Prof. Agenor respondeu-me que cada olhador, ao consultar seu jogo de búzios, pode interpretar os mitos de acordo com sua capacidade de entendimento e, portanto, prescrever a cada consulente a receita personalizada, fazendo de cada caso um caso. Uma sutileza do Prof. Agenor, pois, com isso, ele afirmou que o olhador deve ter poder para o real discernimento e entendimento do conteúdo da mitologia contida nos mitos dos odus.

O Prof. Agenor propôs ainda que se deva dar ao consulente um correto aconselhamento. Ao receitar o ebó propiciatório, ele sempre o faz seguido de uma interpretação em que os atributos do consulente devem ser levados em conta, como paciência, determinação, obstinação, humildade etc. O oluô procura dizer se o odu, saindo na mesa de jogo, é favorável ou não, e, dependendo dessa configuração, os sofrimentos do consulente, se existirem, poderão ser atenuados ou até mesmo sanados pela força mágica do ebó.

Por outro lado, não podemos esquecer que os mitos, com suas histórias e fatos extraordinários, se repetem eternamente, ou seja, "é o verdadeiro 'eterno retorno', a eterna repetição do ritmo fundamental do Cosmos" (Eliade, 1993: 95). A existência é circular, tudo se repete, e o mito nos dá a matriz básica do acontecer que se repõe ciclicamente (Prandi, 2001).

O ser humano ainda não pode se livrar completamente dos males que o mundo da natureza e da cultura lhe impõe. Os mitos escritos pelo Prof. Agenor trataram de um problema humano muito antigo: como o homem pode controlar o próprio destino? Destino em que estão contidos os desejos de afastar o mal, a morte, as doenças, a miséria, enfim, tudo aquilo que compromete de alguma forma a trajetória feliz do homem. Com isso, o ser humano busca aproximar-se da riqueza, do êxito, do poder etc.

Nessa busca, o que está em jogo é qual será a estratégia a ser perseguida. Pelo aconselhamento do oráculo, o bom êxito é resultado da obediência ao que foi determinado para ser feito. O valor pessoal é importante, mas não tão importante quanto a lei e suas regras, que devem ser seguidas cegamente, mesmo que isso resulte por vezes em conflito.

No mito, os conflitos são resolvidos quase sempre através da magia, da astúcia, da paciência etc. Nada no mundo, segundo essa mitologia, é conseguido sem esforço ou disputa.

É muito comum o mito apresentar a solução do conflito através de um evento extraordinário, único, inesperado, podendo ser mágico ou não. Por exemplo: um soberano, que governa sabiamente seu povo, pode ganhar poder sobre outro povo quando o defende e o protege diante de algum inimigo — evento inesperado; pode ser ainda que os céus mostrem contentamento com um homem e não com os outros — neste caso, um evento mágico.

Diversos mitos de *Caminhos de odu* tratam do tema. Alguns deles tratam explicitamente do conflito e do poder, assuntos de que me ocupo neste trabalho.

Chamou-me atenção o mito em que os homens brancos passam a dominar os homens negros pela ação de um ebó. Houve, no tempo mítico, a indicação de que todos os seres humanos deveriam fazer um ebó para garantir seu poder no mundo, o que foi cumprido apenas pelos brancos, ficando evidente que apenas os africanos não obedeceram à determinação. O povo negro é, portanto, por sua displicência, inferior diante do povo branco.

Esse relato mostra, também, que a dominação do branco sobre o negro, do ponto de vista mítico, é decorrente de um ritual mágico, não levando em conta qualquer outra questão de ordem secular, o que é de se estranhar na narrativa, mostrando claramente que, quarenta anos depois da abolição, época em que *Caminhos de odu* foi escrito, era incipiente a ideia de liberdade entre o povo negro. Mostra ainda a ideia de que, para reconstruir o que se perdeu na escravidão, era necessária a utilização de fórmulas mágicas, e isto aparece quando o autor conclui o quadro do odu. Ele diz: "neste caminho de Odu, pode afirmar que a pessoa para quem se deite este quadro prosperará no lugar onde se fez esse processo e não no lugar de seu nascimento, se estiver ausente de seu torrão natal" (Rocha, 1999: 104). Podemos pensar ainda na ideia de esperança de liberdade e até mesmo de poder para o povo negro liberto, na nova terra que não era a dele. A religião, através da magia do ebó, seria a chave da libertação. É interessante lembrar que o ritual proposto para a solução do problema do poder, nesse caso, é de origem africana e não de qualquer civilização branca.

Se o conflito entre negros e brancos não está resolvido, a realização de ritual propiciatório poderia deflagrar profundas mudanças nas relações entre negros e brancos. Como o próprio oluô sugere, para a solução de tal contenda, poder-se-ia colocar "tudo o que existe e que é possível despachar no ebó, até mesmo galo, galinha, preá, peixe etc." (Rocha, 1999: 104). Se o conflito resulta do efeito de um ebó, é por meio de outro ebó que será solucionado. A vida, o poder, a luta entre facções, grupos e indivíduos são consequência da magia e magicamente devem ser tratados.

Em outra passagem, havia um povo de uma cidade que não se entendia entre si, vivendo em permanente conflito e discórdia. A solução desse conflito interno à comunidade se dá por meio da realização de um ebó. Esse mito nos remete a uma situação recorrente dos terreiros, e mesmo da própria sociedade, em que o conflito acirrado pode levar à ruptura e desagregação do grupo. Em tal situação, no candomblé, recorre-se igualmente ao poder apaziguador do ebó.

Se os mitos anteriores trataram do conflito entre povos (branco e negro) e entre o povo todo de uma cidade, o eterno conflito entre homens e mulheres também é retratado. No princípio dos tempos, eram as mulheres que dominavam e, por isso, despertavam o ódio dos homens, que viviam tentando reverter aquela situação. Um dia os homens se juntaram, tendo Ogum à frente, e foram consultar um adivinho. Este indicou-lhes que fizessem um ebó e aconselhou Ogum a se cobrir com uma mortalha e portar uma espada, com o intuito de assustar as mulheres. Numa oportunidade em que elas, lideradas por Iansã, estavam reunidas para deliberar o que iam fazer contra os homens, Ogum apareceu vestido como lhe aconselhara o adivinho e causou nas mulheres grande assombro. Iansã foi a primeira a fugir; uma delas correu tanto que desapareceu da face da Terra. Esse ato de covardia das mulheres permitiu que os homens lhes tomassem o poder; "destarte ficaram os homens dominando as mulheres até hoje" (Rocha, 1999: 156).

Esse domínio masculino é recorrente nos terreiros, e se evidencia no predomínio dos homens na divisão sexual do trabalho ritual, o que gera uma série de conflitos que foram em parte mencionados no decorrer deste trabalho.

Outro mito de odu conta-nos a história da onça, animal que era odiado, porém respeitado pelos outros bichos. Como sabia desse sentimento geral em relação a si, ela sempre se precavia fazendo ebós, e isso, aliado à sua sabedoria, fez com que ela se safasse da cilada que os outros animais armaram para ela. A força mágica do uso de ebós sempre aparece, e fica claro, nesse caso, que, mesmo existindo perseguição, conflito e traição, aquele que detém o poder e domina os instrumentos que o legitimam sairá ileso de qualquer traição. Mais uma vez, lembro a força que o oluô destina ao real emprego do ebó em qualquer circunstância da vida.

Num paralelo, podemos imaginar que a onça poderia representar um homem com poder, enquanto os outros animais seriam homens sem poder e que conspiram contra o poderoso, num ciclo interminável de contendas entre dominador e dominados. Não há como evitá-las: aquele que detém poder sempre será invejado e correrá o risco de ser traído. Portanto, faz-se o ebó recomendado para poder se tornar o senhor da situação (Rocha, 1999). Afinal, homens e determinados bichos, guardadas as devidas proporções, interagem no mundo em situações semelhantes.

Algumas vezes, os mitos apresentam situações recorrentes de disputa de poder, como aquele em que o Prof. Agenor conta-nos que houve um tempo em que o Sol, a Lua, o fogo e o papagaio mediram forças para saber quem tinha maior poder. O papagaio, menos orgulhoso e mais esperto que os outros três, fez o ebó indicado para atingir esse objetivo. Os outros, achando-se investidos de muito poder, negaram-se a fazer qualquer oferenda para se precaverem de adversidades, e permaneceram na disputa. Tempos depois, os astros mudaram de posição, causando muitos temporais; o fogo apagou, o Sol e a Lua imergiram na escuridão. O papagaio, mesmo molhado, saiu ileso de tais transtornos, ganhando com isso o poder que almejava.

Nesse mito, assim como em todos os outros relatados em *Caminhos de odu*, há sempre alusão a fatos que ocorrem no cotidiano da humanidade. No último relato citado, apesar de haver disputa de poder, o conselho é que se tenha humildade para escutar as determinações que se recebem, mas com muita perseverança, bem como que se realize a oferenda propiciatória para atingir o objetivo. O poder encanta e por vezes turva a percepção dos limites entre bem e mal.

Há que se entender que, quando se procura um adivinho para saber como se resolve uma situação qualquer de vida, o indivíduo tem que estar ciente de que receberá orientação para tal fim, podendo ser indicado um ebó. No candomblé, tudo se resolve através das palavras de aconselhamento transmitidas pelo oráculo, na interpretação do adivinho, e também pela eficácia das oferendas que se realizam para se obter tal fim.

Outro mito relata como a sucessão de um reino foi resolvida buscando-se alguém estranho à linhagem real. Xangô, que era então um escravo, foi elevado à posição de rei, embora não gozasse de prestígio junto ao povo. Foi então aconselhado a buscar algo que lhe legitimasse o poder. Sua mulher Oiá trouxe-lhe um artefato mágico que fazia com que Xangô, para surpresa e admiração de todos, cuspisse fogo cada vez que abria a boca. O povo o aceitou como rei, pois era grande o poder de sua magia. O povo o admirou e respeitou.

Mas logo Xangô viu-se traído por sua mulher, que passou a utilizar-se do mesmo instrumento. Aconselhado por amigos, Xangô relevou a atitude da mulher. Mas o fez para manter-se acima da situação de conflito, como senhor cujo poder não poderia ser abalado por nada.

Xangô tanto usou seu instrumento que acabou por incendiar seu reino, de onde fugiu após ter sido acusado pelo acontecido. Não suportando o desespero do marido, Oiá o aconselhou a enforcar-se. Xangô perdeu-se pelo uso indevido da magia que lhe dava o poder.

Xangô, no entanto, tinha amigos fiéis, que se uniram e formaram uma sociedade secular que defendia e valorizava seu nome, culminando por torná-lo uma divindade. Xangô é ainda hoje a divindade mais comemorada da diáspora iorubá. Sua morte fez dele um deus, um dos maiores.

Nessa narrativa, observamos que no princípio Xangô era tão somente um escravo que se tornou rei da noite para o dia, o que provocou descontentamento e perplexidade no povo. Se pensarmos na questão da sucessão nos terreiros afro-brasileiros, conforme estudo de caso que está presente neste trabalho, entenderemos o quão delicadas e por vezes tensas são as situações geradas pela escolha deste ou daquele sucessor, e como é difícil contentar as partes integrantes de um grupo. Muitas vezes as cisões são inevitáveis.

No mito em questão, Xangô utilizou-se de instrumento mágico para fazer com que o povo acatasse sua posição de rei. Apesar de o artefato mágico resolver em parte os problemas de Xangô, ele também motivou a traição de sua esposa, que não tinha a intenção de usurpar o poder político do marido, mas sim deter o mesmo poder mágico sobre o fogo.

No cotidiano aprendemos que existem regras de convivência, o que não impede o ser humano de, a todo o tempo, burlá-las e ferir seus pares. Deter qualquer instrumento para se autolegitimar na sociedade é fator de poder.

Ainda neste mito, dois generais, altos membros da corte de Xangô, ameaçaram sua condição de rei, questionando sua autoridade, ciumentos com a sua demonstração de poder, e entraram numa contenda com Xangô da qual ele saiu vencedor. Portanto, podemos entender que aquilo que legitima o poder também pode vir a ameaçá-lo, assim como aconteceu com Xangô.

Como não poderia deixar de ser em narrativas de reis poderosos, o protagonista desta história encontra no suicídio uma forma de se purificar da infâmia. No caso de Xangô, seu suicídio foi aconselhado pela esposa, o que não deixa de ser um fato dramático. Os homens reagem a situações conflituosas de diversas formas; uma delas foi a escolhida por Xangô. O suicídio do rei, como já vimos em capítulo anterior, era uma forma de as sociedades africanas solucionarem conflitos de risco, sobretudo nas situações de grandes catástrofes.

Em vida, Xangô teve 12 amigos fiéis que, após sua morte, uniram-se para que a memória do soberano não se perdesse. Novamente o mito recorre ao uso de uma fórmula mágica. Fornecida por Ossaim, ela foi usada para incendiarem toda a cidade, e o grupo dos partidários de Xangô fez isso para que o povo acatasse a ideia de que ele, lá do céu, estava fazendo justiça àqueles que o injustiçaram.

Até hoje, os 12 amigos de Xangô são lembrados pelo candomblé. No Axé Opô Afonjá existe o corpo dos 12 obás de Xangô.

Depois de todas estas peripécias, Xangô tornou-se uma divindade. Para o povo de santo, a memória dos ancestrais deve ser respeitada e o antepassado é objeto de um culto muito específico, rodeado de muito segredo, como tudo no candomblé, o culto dos eguns.

Este é um mito que traz uma história com um final aparentemente triste, concluído com um movimento glorioso, de divinização de um rei. Essa tristeza esconde algo mais profundo, pois a morte de Xangô faz dele a maior de todas as divindades. Fato tão inesperado quanto o de um escravo ter se tornado rei. As coisas são diferentes do que aparentam ser num primeiro momento. Acontecimentos inusitados criam um universo mágico em que um escravo se torna uma divindade através dos seus atos e da lembrança diligente de amigos fiéis.

Não podemos deixar de pensar que o anúncio mágico, imponderável, feito através do jogo de búzios, do sucessor de um pai de santo num terreiro de candomblé, é uma repetição desse contexto mítico e mágico, em que as relações de causa e efeito, que não são passíveis de intervenção, revelam uma atmosfera mítica que é o ponto de encontro do sentido de tais eventos.

Noutro mito, Xangô aparece disputando com um carneiro o amor de uma mulher. O carneiro, investido do poder que lhe confere a força de seus chifres, venceu Xangô nessa peleja. Xangô, afugentado por ele e com medo de perder seu prestígio de homem valente e poderoso, atirou uma corda para o céu e foi-se embora. As pessoas ficaram na Terra blasfemando contra ele.

Constrangidos com tal situação, os amigos de Xangô fizeram um ebó, indicado por um adivinho, a fim de resguardar a fama do amigo. Este ebó deveria conter muitas pedrinhas. É preciso ter em vista que o ebó sempre contém elementos simbólicos referidos à situação que ele contempla. O mito conta que, depois do ebó feito pelos amigos de Xangô, logo veio a chuva seguida de trovões que lançaram sobre a Terra pequenas fagulhas de fogo. A partir desse acontecimento, os amigos de Xangô fizeram o povo saber que era ele que, em tempo de chuva e lá do céu, mandava seus raios e fagulhas para se fazer lembrar.

Na África e no Brasil, Xangô recebe em sacrifício um carneiro que deve ter chifres fortes e pontiagudos. Talvez pudéssemos pensar que seus seguidores, aqui e na África, imolam o animal, que possui realmente muita força em seus chifres, relembrando essa passagem. Seria um ato de vingança em nome de Xangô? Por outro lado, no candomblé sacrificam-se animais em louvor dos orixás, não só com o intuito de estabelecer a ligação do homem com a divindade, mas também de conceder força mágica ao orixá pelo ato do sacrifício. O sangue é derramado nos terreiros cada vez que as divindades assim desejam, em tempos de paz ou em tempos de conflitos, numa relação de troca entre elas e seus fiéis.

Se a lei do santo traduz o pensamento que a matriz africana legou aos seguidores brasileiros dos orixás, os mitos de *Caminhos de odu* revelam muito das fórmulas africanas de pensar o mundo e orientar seus acontecimentos. Como diz o iorubá, "só se pode justificar um fato com uma história analógica" (Rocha, 1999: 29).

Os mitos apresentam ideais de boa conduta para se atingir um objetivo. Explicam fatos reais ou mágicos, mas o que importa mesmo é que sirvam de lição para que o homem aprenda a ser feliz. Na verdade, os escritos do Prof. Agenor acabam por dar esta indicação. E mais, o autor aconselha a utilização de meios mágicos, assim como aponta aquelas qualidades emocionais que o ser humano deve cultivar para chegar à felicidade.

CONCLUSÃO

Este estudo propôs-se a discutir questões de poder e conflito nos terreiros de candomblé. Num primeiro momento, entendo que essas questões surgem a partir da concepção da própria religião africana que, sendo politeísta, divide o grupo de adeptos conforme o orixá de cada um. Na África, o orixá de cada um era dado pela origem familiar. No Brasil, onde a organização africana da família foi completamente desestruturada pelos mecanismos sociais do regime escravista, e depois substituída pelos modelos europeus, o orixá de cada um é determinado por uma origem mítica diferente da origem de sangue, devendo ser identificado pela mãe de santo no jogo de búzios. Mas as consequências são as mesmas: pessoas que pertencem a orixás diferentes formam irmandades independentes e concorrentes entre si. Assim, filhos de santo de um mesmo terreiro são subdivididos segundo a filiação a orixás distintos, com obrigações, regras e tabus que não valem para todos, criando-se situações de diferenças entre iguais. Isso propicia o exercício do conflito grupal, que só pode ser solucionado pela intervenção do pai de santo, também magistrado supremo para todas as causas. Nos próprios mitos, orixás se opõem a orixás, incentivando os seguidores de um e de outro a se constituírem em confrarias que pelejam entre si. Xangô e Ogum são opositores eternos, na guerra, no amor, no trabalho, no dia a dia. Espera-se que filhos de Xangô e filhos de Ogum sigam o modelo de seus pais míticos. Não há no candomblé uma fraternidade única, os homens não são todos iguais, não têm a mesma origem.

A convivência diária dos seguidores desnuda uma intimidade que se espraia e que torna de interesse coletivo problemas estritamente pessoais, que são referidos às próprias divindades, o que aguça o fato de que a intensa convivência de pessoas que têm em comum laços de parentesco religioso e, muitas vezes, de família consanguínea tende a borrar os limites da vida privada. O tornar público das intimidades releva qualidades e ressalta defeitos. Segundo o pensamento africano, nada do que acontece é novidade, pois na vida e na morte tudo se repete. O problema pessoal de um filho de santo já teria sido, em tempos míticos imemoriais, problema do antepassado orixá; não há, pois, razão para tratá-lo com discrição. No candomblé, as vidas privadas são publicizadas, e não se guarda segredo sobre o que se passa com cada um; é corrente falar-se sempre de tudo e de todos. Basta alguém colocar os pés dentro do terreiro para que logo vire motivo de conversa e de especulações. Ninguém está livre de julgamentos, nem mesmo o mandatário do terreiro.

O povo de santo conhece um grande repertório de características e padrões de comportamento atribuídos aos orixás e a seus filhos míticos; nada, ou quase nada, escapa dos comentários, nem sempre tolerantes. Ser do candomblé significa despertar amor e também muito ódio. A competição entre seus membros se desenrola dentro e fora dos muros do terreiro. Ao tratar da inserção individual no grupo, Fábio Leite acredita que os procedimentos iniciáticos, "além de promover a sacralização do homem, aparecem como processo de socialização diferencial tendente a permitir a absorção dos principais valores do grupo" (Leite, 1985: 144), o que implica falar de uma convivência sistemática em que, mais do que perguntar, se espera que o novo adepto aprenda pela observação. É a lei nas casas de santo.

Conforme Claude Lépine, o ritual no candomblé, ao reproduzir os princípios que regem o mundo divino, legitima a ordem social, reafirma "constantemente o status de cada um no grupo de culto e assegura a perpetuação do sistema de autoridade" (Lépine, 1982: 17). Isso alicerça a construção de uma hierarquia que propõe assemelhar-se à da família secular; constrói-se no terreiro uma família de santo. São muito diferentes os sentidos e as propostas entre elas. Na família de santo, a figura do sacerdote-chefe é vista como algo quase intocável, de difícil acesso, repetindo-se narrativas africanas em que os reis são representantes das divindades na Terra.

Na África, um rei pode ser condenado à morte quando é responsabilizado pelos súditos por algum fato muito grave para seu povo, como, por exemplo, uma guerra perdida, uma colheita arruinada por falta de chuva etc. Diz o mito que Xangô foi condenado ao suicídio quando, inadvertidamente, ateou fogo à sua cidade ao soltar fogo pela boca. No candomblé, os pais de santo se colocam na posição de reis africanos, mas não existe nenhuma instância humana capaz de julgar seus atos nem de penalizá-los por seus erros. Não há diálogo entre o rei brasileiro e sua corte. Nem entre esse rei e demais reis e rainhas que reinam, inimputáveis, nos outros terreiros.

Em algumas casas de candomblé pode haver um grupo de dignitários para administrar o terreiro, como é o caso do corpo de obás do Axé Opô Afonjá, mas não se tem notícia de como as decisões do grupo influenciam (ou não) as ações do mandatário do terreiro. De todo modo, os pais de santo sempre alegam que tudo o que fazem é legitimado pela vontade do orixá, que eles mesmos expressam por meio de práticas divinatórias ou do transe.

Do ponto de vista religioso, pais de santo podem ser julgados e penalizados pelos orixás, mas dificilmente essa questão entra em algum debate público. Há certas lendas, caras ao povo de santo, que contam de pais e mães de santo punidos com a morte por desobedecerem aos orixás. Um exemplo famoso foi relatado pelo Prof. Agenor Miranda Rocha sobre mãe Pulquéria, a segunda ialorixá do Gantois. Pela preciosidade da narração de pai Agenor, transcrevo suas palavras: "Numa ocasião, Pulquéria acabou por bem não cumprir certa ordem de Oxóssi, seu orixá. E disse em alto e bom som: 'Oxóssi é Oxóssi, mas eu sou Pulquéria'. O orixá manifestou-se pouco tempo depois e falou: 'Diga à minha filha que ela é ela, e eu sou Oxóssi. Sei matar, mas não sei perdoar'. Dentro de poucos dias, Pulquéria, que estava sem qualquer problema de saúde, bem-disposta, morreu de repente" (Sodré e Lima, 1996: 30-31). Nesses casos, entretanto, a discordância narrada pela lenda se dava entre o sacerdote punido e o seu orixá, nunca entre o sacerdote e seus adeptos. Democracia passa longe dos terreiros.

Outra questão importante é a que trata da transmissão do conhecimento litúrgico aos adeptos do candomblé. Como se fosse uma questão de honra, uma grande maioria de pais de santo nega a seus seguidores ensinamento sistemático acerca da religião dos orixás. Inegavelmente há um apelo dos filhos de santo pelo aprendizado que, como bem sabemos, se processa de forma oral no candomblé. Mas parece-me que a maioria dos pais de santo teme a usurpação do poder pelos mais jovens, negando-lhes um conhecimento que eles consideram perigoso e secreto. Nas situações cotidianas, perguntas são cortadas com a frase: *Isto é fundamento*. "Fundamento é uma palavra usada com frequência nos terreiros como uma justificativa de pais e mães de santo para esconder da maioria dos iniciados alguma informação ritual, que se acredita ser a 'verdadeira fórmula mágica', que nem todo mundo pode conhecer. Na verdade, o que se esconde atrás desta justificativa, em geral, é a própria ignorância dos ritos" (Vallado, 2002: 61). Mas onde estaria a verdade nessa religião sem escritura?

Por tudo isso, as dificuldades de relacionamento e de compartilhamento de conhecimento entre pais e filhos de santo me parecem intransponíveis. Reginaldo Prandi (1991) escreveu que um pai ou mãe de santo, por ser o que mais tempo tem de iniciado num terreiro, deveria ter sabedoria para transmitir aos filhos o conhecimento necessário. Num primeiro momento me parece plausível tal afirmação, mas muitos casos a mim foram relatados da total ignorância de alguns sacerdotes na lida com as "coisas do santo". Ora, como bem sabemos, não existe no candomblé uma regulamentação nem tampouco uma autoridade, como o papa dos católicos, que possa dar diretrizes aos terreiros.

Sem autoridade central, o povo de santo se apoia na lei do santo, que não está escrita em lugar algum, e apenas existe na cultura oral do candomblé. A lei do santo é genérica o suficiente para permitir as particularidades de orientação de cada um dos infindáveis líderes que congregam o povo de santo, cada um em sua casa, cada um com suas interpretações e diretrizes. E é específica o suficiente para permitir que cada um cultue o orixá a seu modo.

Nas palavras do Prof. Agenor Miranda Rocha, na epígrafe que abre o presente estudo, "a lei do santo é para ser seguida com responsabilidade, fé e humildade, cada um se lembrando que todos precisam de todos...".

Sem solidariedade e sem unidade, a religião dos orixás carece de renovações, clama por uma reforma moral. Ao longo do tempo, pouco ou quase nada foi feito nesse sentido. Não há como unir o povo de santo, cujos terreiros se multiplicam cada vez mais e mais se diversificam. A questão da ética entre pares é palidamente debatida em alguns encontros de umas poucas lideranças, mas termina na memória de seus debatedores. Não é necessário aprofundar estudos para concluir que a fé nos orixás é o único motivo que ainda dá ao povo de santo a coragem para persistir no culto aos orixás, embora seja significativo o número dos que abandonam os terreiros para se juntar a religiões fora do segmento afro-brasileiro. São muitos os reis no mundo do candomblé, e não são poucos os que se pretendem na mesma altura dos orixás.

GLOSSÁRIO

ABERÊS (*gberes*) — Incisões feitas no corpo e no crânio dos filhos de santo no ritual de iniciação.

ABIÃ (*abíá*) — Participante do candomblé ainda não iniciado. Iniciante, postulante.

ADÊ (*adé*) — Coroa usada por reis iorubás e por orixás.

ADIM (*àdín*) — Espécie de óleo extraído da semente interna do caroço do fruto do dendezeiro.

ADJÁ (*àjà*) — Sineta ritual.

ADJUNTÓ — Segundo orixá que rege a cabeça de uma pessoa; também chamado juntó.

AIÊ (*ayé*) — A Terra.

ALABÊ (*alagbè*) — Literalmente, dono da cabaça (chocalho). Homem escolhido pelo orixá para tocar os tambores no terreiro.

AMALÁ — Comida feita à base de quiabo, iguaria predileta de Xangô.

AMACI — Infusão resultante da maceração de ervas consideradas sagradas para utilização em banhos e na lavagem dos objetos sagrados dos orixás.

AXÉ (*aṣé*) — Força sagrada; força vital que emana da natureza. Também a comunidade do terreiro, origem ou raiz familiar; poder sacerdotal; poder.

AXEXÊ (*àṣèṣè*) — Ritual celebrado após a morte de um membro do terreiro.

AXOGUM (*aṣogún*) — Ogã sacrificador, o encarregado do sacrifício dos animais, "o dono da faca".

BABALAÔ (*balaláwo*) — Sacerdote do oráculo de Orunmilá; o mesmo que oluô (ver).

BABALORIXÁ (*bàbálòrìṣà*) — Pai de santo. É o chefe do terreiro, o sacerdote supremo da casa.

BORI (*borí*) — Cerimônia pela qual se cultua a cabeça ou ori (ver); significa dar comida à cabeça. É um ebó (ver) à cabeça.

DECÁ — Obrigação de sete anos que marca a passagem do iaô (ver) para o *status* de ebômi (ver), que confere a senioridade sacerdotal aos iniciados rodantes. Também chamado de oiê de ebômi ou cuia.

EBÓ (*ẹbó*) — Sacrifício ritual que tem como função livrar as pessoas de malefícios de toda ordem.

EBÔMI (*egbonmi*) — Literalmente "meu irmão mais velho". Estágio alcançado por um filho ou filha de santo após sete anos de feitura.

ECODIDÉ (*ekódídẹ*) — Pena extraída das asas do papagaio *odidê*.

EDUN-ARÁ — Pedra de raio; elemento imprescindível do assentamento de Xangô.

EGUM (*egúngún*) — Parte do indivíduo que sobrevive à sua morte e que pode ser cultuada. O egum é despachado no axexê (ver).

EGUNGUM (*egúngún*) — O mesmo que egum (ver), mas esse nome é usado especificamente nos candomblés de Itaparica (Bahia), de culto aos antepassados.

ELEGUM (*elegún*) — Aquele iniciado que é possuído em transe pelo orixá.

EQUEDE (*èkejì*) — Literalmente, a segunda; no candomblé, sacerdotisa não-rodante, cuja função é cuidar dos orixás em transe e de seus objetos de culto. É suspensa em público pelo orixá e passa pela cerimônia de confirmação.

EUÓ (*èèwò*) — Tabu ou interdição religiosa, também chamado de quizila.

IÁ (*iyá*) — Mãe.

IALORIXÁ (*iyálòrìṣà*) — Mãe de santo; chefe do terreiro; sacerdotisa suprema da casa.

IAÔ (*iyàwò*) — Iniciado rodante que ainda não passou pela obrigação de sete anos.

IBIM (*igbín*) — Caracol utilizado nos sacrifícios a Oxalá; conhecido como boizinho de Oxalá.

ILÊ (*ilé*) — Casa. Chama-se assim o espaço sagrado do terreiro.

LOROGUM (*lọrogún*) — Ritual para Oxaguiã, relembrando o mito da punição da humanidade por causa de suas más ações.

OBI (*obí*) — Fruto também denominado noz-de-cola, de origem africana, fundamental no culto dos candomblés. O obi é usado como fonte de axé e também como instrumento oracular. Usa-se o fruto aclimatado no Brasil, de duas faces, e o importado da África, de quatro ou mais faces.

ODU (*òdù*) — Signo do oráculo; definição da origem, destino e explicação dos fatos da vida do consulente e das formas propiciatórias de reparação, desvendadas pela prática oracular.

OGÃ (*ògá*) — Literalmente, senhor, chefe, autoridade; no candomblé, cargo masculino de iniciados não-rodantes. Ver axogum, alabê.

Oloiê (*oloiyè*) — Literalmente "o dono do cargo". Homens ou mulheres que são escolhidos para desempenhar alguma função dentro da hierarquia do terreiro.

Olossaim (*olosaniyn*) — Sacerdote ligado ao culto de Ossaim, que tem a função de apanhar as folhas para os rituais, bem como preparar os banhos lustrais utilizados no terreiro.

Oluô (*olúwo*) — O dono do segredo, adivinho, aquele que possui o conhecimento para interpretar o jogo de Ifá ou de búzios. Ver odu.

Ori (*orí*) — Cabeça, parte interior da cabeça, personalidade, emoções internas, tudo aquilo que está dentro do cérebro. O ori é cultuado no bori (ver). É considerado o receptáculo do orixá.

Ori (*òrí*) — Manteiga de caretê (árvore africana).

Oriqui (*oríkí*) — Reza que faz referência aos feitos e atribuições dos orixás.

Orobô (*orógbó*) — Fruto africano preferencial de Xangô: noz da falsa cola ou cola-amarga. Também usado como instrumento oracular, como o obi (ver).

Orum (*òrun*) — Espaço sagrado onde vivem os orixás. É considerado também o conjunto dos nove espaços em que se divide o infinito.

Quelê (*kelè*) — Pequeno colar de miçangas nas cores do orixá, que é colocado no pescoço do filho de santo no momento da iniciação, significando sua sujeição a esse deus.

Quizila — De origem banta, o mesmo que euó (ver).

Roncó — Clausura. Espaço reservado ao recolhimento dos iniciados em período de obrigação.

Xirê (*sirè*) — Cerimônia pública do candomblé em que a roda de santo canta e dança, louvando todos os orixás, começando com Ogum, depois de uma oferenda preliminar a Exu, e terminando com Oxalá.

BIBLIOGRAFIA

BIBLIOGRAFIA CITADA

ABRAHAM, R.C. *Dictionary of Modern Yoruba*. Londres, Inglaterra: Hodder and Stoughton, 1981.
AMARAL, Rita de Cássia. *Xirê! O modo de crer e de viver no candomblé*. Rio de Janeiro: Pallas e Educ, 2002.
AUGRAS, Monique. *O duplo e a metamorfose: a identidade mítica em comunidades nagô*. Petrópolis: Vozes, 1983.
____. Quizilas e preceitos: transgressão, reparação e organização dinâmica do mundo. In: MOURA, Carlos E. Marcondes de (org.). *Candomblé desvendando identidades*. São Paulo: EMW Editores, 1987.
____. *O que é tabu*. São Paulo: Brasiliense, 1989.
BASTIDE, Roger. *Imagens do Nordeste místico em preto e branco*. Rio de Janeiro: Empresa Gráfica O Cruzeiro, 1945.
____. *O candomblé da Bahia*. 2. ed. São Paulo: Companhia das Letras, 2001.
BENISTE, José. *Orum Àiyé: o encontro de dois mundos*. Rio de Janeiro: BCD União de Editoras, 1997.
BENJAMIN, Walter. *Magia e técnica, arte e política*. São Paulo: Brasiliense, 1987.
BERGER, Peter L. *O dossel sagrado: elementos para uma teoria sociológica da religião*. São Paulo: Paulus, 1985.
BIRMAN, Patrícia. *Fazer estilo criando gêneros: possessão e diferenças de gênero em terreiros de umbanda e candomblé no Rio de Janeiro*. Rio de Janeiro: Editora da UERJ, 1995.
BONFIM, Martiniano do. Os ministros de Xangô. In: CARNEIRO, Edison (org.). *O negro no Brasil — trabalhos apresentados ao 2º Congresso Afro-Brasileiro (Bahia)*. Rio de Janeiro: Civilização Brasileira, 1940.
BOURDIEU, Pierre. *A economia das trocas simbólicas*. São Paulo: Perspectiva, 1999.

BRAGA, Júlio. *O jogo de búzios: um estudo da adivinhação no candomblé*. São Paulo: Brasiliense, 1988.

____. *Fuxico de candomblé*. Feira de Santana: Universidade Estadual de Feira de Santana, 1998.

____. *A cadeira de ogã e outros ensaios*. Rio de Janeiro: Pallas, 1999.

CABRERA, Lydia. *Yemayá y Ochún: kariocha, iyariochas y olorichas*. Nova York: Ediciones C.R., 1980.

CARNEIRO, Edison. *Candomblés da Bahia*. Rio de Janeiro: Civilização Brasileira, 1978.

CLASTRES, Pierre. Liberdade, mau encontro, inominável. In: *Discurso da servidão voluntária*. São Paulo: Brasiliense, 1999.

COSSARD-BINON, Giselle. A filha de santo. In: MOURA, Carlos Eugênio Marcondes de (org.). *Olóòrìsá: escritos sobre a religião dos orixás*. São Paulo: Ágora, 1981.

COSTA LIMA, Vivaldo da. *A família de santo nos candomblés jeje-nagôs da Bahia: um estudo de relações intragrupais*. Salvador: Universidade Federal da Bahia, 1977.

____. Liderança e sucessão. In: MOURA, Carlos Eugênio Marcondes de (org.). *Leopardo dos olhos de fogo*. Cotia: Ateliê Editorial, 1998.

COSTA E SILVA, Alberto. *A manilha e o libambo: a África e a escravidão, de 1500 a 1700*. Rio de Janeiro: Nova Fronteira, 2002.

DANTAS, Beatriz Góis. *Vovó nagô e papai branco: usos e abusos da África no Brasil*. Rio de Janeiro: Graal, 1988.

____. Nanã de Aracaju: trajetória de uma mãe plural. In: SILVA, Vagner Gonçalves da (org.). *Caminhos da alma*. São Paulo: Selo Negro, 2002.

DOUGLAS, Mary. *Pureza e perigo: ensaio sobre as noções de poluição e tabu*. Rio de Janeiro: Edições 70, 2000.

DURKHEIM, Émile. *As formas elementares da vida religiosa*. São Paulo: Martins Fontes, 1996.

ELIADE, Mircea. *O mito do eterno retorno*. Lisboa, Portugal: Edições 70, 1993. (Perspectivas do Homem)

____. *O sagrado e o profano: a essência das religiões*. São Paulo: Martins Fontes, 1999.

FERREIRA, Aurélio B. de Holanda. *Dicionário Aurélio básico da língua portuguesa*. São Paulo: Nova Fronteira, 1994.

FICHTE, Hubert. *Etnopoesia: antropologia poética das religiões afro-americanas*. São Paulo: Brasiliense, 1987.

HALBWACHS, Maurice. *A memória coletiva*. São Paulo: Editora Revista dos Tribunais, 1990.

HAMPATÉ BÂ, A. A tradição viva. In: *História geral da África*. São Paulo: Ática e Unesco, 1982.

LANDES, Ruth. *A cidade das mulheres*. Rio de Janeiro: Civilização Brasileira, 1967.

LEITE, Fábio R. R. Tradições e práticas religiosas negro-africanas na região de São Paulo. In: *Culturas africanas: documentos da reunião sobre as sobrevivências das tradições religiosas africanas nas Caraíbas e na América Latina*. São Luís: Unesco, 1985.

LÉPINE, Claude. *Contribuição ao estudo do sistema de classificação dos tipos psicológicos no candomblé ketu de Salvador*. São Paulo: Departamento de Ciências Sociais, Faculdade de Filosofia, Letras e Ciências Humanas — USP, 1978. (Tese de doutoramento, mimeo.)

____. Análise formal do panteão nàgó. In: MOURA, Carlos Eugênio Marcondes de (org.). *Bandeira de Alairá: outros escritos sobre a religião dos orixás*. São Paulo: Nobel, 1982.

LUZ, Marco Aurélio. *Agadá: dinâmica da civilização africano-brasileira*. Salvador: Editora da UFBA, 2000.

MAGGIE, Yvonne. *Guerra de orixá: um estudo de ritual e conflito*. Rio de Janeiro: Zahar, 1975.

MILLS, Theodore M. *Sociologia dos pequenos grupos*. São Paulo: Pioneira, 1970.

PARÉS, Luís Nicolau. *A formação do candomblé: história e ritual da nação jeje na Bahia*. Campinas: Editora Unicamp, 2006.

PIERSON, Donald. *O candomblé da Bahia*. São Paulo: Guairá, 1942.

PRANDI, Reginaldo. *Mitologia dos orixás*. São Paulo: Companhia das Letras, 2000.

____. *Os candomblés de São Paulo: a velha magia na metrópole nova*. São Paulo: Hucitec e Edusp, 1991.

____. *O candomblé e o tempo: concepções de tempo, saber e autoridade da África para as religiões afro-brasileiras*. Revista Brasileira de Ciências Sociais, São Paulo, v. 16, n. 47, p. 43-58, outubro de 2001.

REBOUÇAS Filho, Diógenes. *Pai Agenor*. Salvador: Corrupio, 1998.

ROCHA, Agenor Miranda. *Caminhos de odu*. Rio de Janeiro: Pallas, 1999.

SANTOS, Juana Elbein dos. *Os nàgò e a morte*. Petrópolis: Vozes, 1984.

SANTOS, Deoscoredes M. dos Santos (Mestre Didi). *História de um terreiro nagô*. São Paulo: Max Limonade, 1988.

____. *Contos negros da Bahia*. Rio de Janeiro: Edições GRD, 1961.

SEGATO, Rita Laura. *Santos e daimones: o politeísmo afro-brasileiro e a tradição arquetipal*. Brasília: Editora da Universidade de Brasília, 1995.

____. Inventando a natureza: família, sexo e gênero no xangô do Recife. In: MOURA, Carlos Eugênio Marcondes de (org.). *Candomblé: religião do corpo e da alma*. Rio de Janeiro: Pallas, 2000.

SILVEIRA, Renato da. *O candomblé da Barroquinha: processo de constituição do primeiro terreiro baiano de keto*. Salvador: Maianga, 2006.

SODRÉ, Muniz. *O terreiro e a cidade: a forma social negro-brasileira*. Petrópolis: Vozes, 1988.

SODRÉ, Muniz e LIMA, Luís Felipe. *Um vento sagrado — história de vida de um adivinho da tradição nagô-kêtu brasileira*. Rio de Janeiro: Mauad, 1996.

TEIXEIRA, Maria Lina Leão. Lorogun: identidades sexuais e poder no candomblé. In: MOURA, Carlos Eugênio Marcondes de (org.). *Candomblé desvendando identidades*. São Paulo: EMW Editores, 1987.

TRINDADE, Liana. *Conflitos sociais e magia*. São Paulo: Hucitec, 2000.

VALLADO, Armando. O sacerdote em face da renovação do candomblé. In: CAROSO, Carlos e BACELAR, Jéferson (org.). *Faces da tradição afro-brasileira*. Rio de Janeiro: Pallas/CEAO, 1999.

____. *Iemanjá: a grande mãe africana do Brasil*. Rio de Janeiro: Pallas, 2002.

VANSINA, Jan. *La tradición oral*. Barcelona, Espanha: Editorial Labor, 1966.

VERGER, Pierre. *Orixás: deuses iorubás na África e no Novo Mundo*. Salvador: Corrupio, 1981.

____. *Lendas africanas dos orixás*. Salvador: Corrupio, 1985. Ilustrações de Carybé.

____. *Ewé: o uso das plantas na sociedade iorubá*. São Paulo: Companhia das Letras, 1995.

____. *Notes sur le culte des orisa et vodun à Bahia, la Baie de Tous les Saints, au Brésil et à l'ancienne Côte des Esclaves en Afrique*. Dakar, Senegal: Institut Français d'Afrique Noir, 1957. Ed. brasileira: *Notas sobre o culto dos orixás e voduns*. Trad. Carlos Eugênio Marcondes de Moura. São Paulo: Edusp, 1999.

VOGEL, Arno, MELLO, Marco Antonio da Silva e BARROS, José Flávio Pessoa de Barros. *A galinha-d'angola: iniciação e identidade na cultura afro-brasileira*. Rio de Janeiro: Pallas, 1993.

WEBER, Max. *Ensaios de sociologia*. Rio de Janeiro: Guanabara Koogan, 1982.

BIBLIOGRAFIA CONSULTADA

ANSARTE, Pierre. *Ideologias, conflitos e poder*. Rio de Janeiro: Zahar, 1978.

AUGRAS, Monique. *Alteridade e dominação no Brasil*. Rio de Janeiro: NAU, 1995.

BASTIDE, Roger. *As religiões africanas no Brasil*. São Paulo: Livraria Pioneira, 1971.

____. *As Américas negras*. São Paulo: Difel, 1973.

BERNARDO, Teresinha. O lugar da mulher no candomblé. In: *Mulher e dignidade: dos mitos à libertação*. São Paulo: Edições Paulinas, 1989.

____. *Negras, mulheres e mães: lembranças de Olga de Alaketo*. Rio de Janeiro: Pallas e Educ, 2003.

CLASTRES, Pierre. *Arqueologia da violência*. São Paulo: Brasiliense, 1982.

CORRÊA, Norton Figueiredo. *Sob o signo da ameaça: conflito, poder e feitiço nas religiões afro-brasileiras*. São Paulo: Pontifícia Universidade Católica, 1998. (Tese de doutoramento em Antropologia, mimeo.)

DANTAS, Beatriz Góis. Pureza e poder no mundo dos candomblés. In: MOURA, Carlos Eugênio Marcondes de (org.). *Candomblé desvendando identidades*. São Paulo: EMW Editores, 1987.

FERRETTI, Sérgio. Sincretismo afro-brasileiro — resistência cultural. In: CAROSO, Carlos e BACELAR, Jéferson (orgs.). *Faces da tradição afro-brasileira*. Rio de Janeiro: Pallas, 1999.

FONSECA JÚNIOR, Eduardo. *Dicionário yorubá (nagô)-português*. Rio de Janeiro: Sociedade Yorubana Teológica de Cultura Afro-brasileira, 1983.

GOLDMAN, Márcio. A construção ritual da pessoa: a possessão no candomblé. In: MOURA, Carlos Eugênio Marcondes de (org.). *Candomblé desvendando identidades*. São Paulo: EMW Editores, 1987.

LAWAL, Babatunde. *The Gèlèdé Spectacle: Art, Gender and Social Harmony in African Culture*. Seattle, EUA: University of Washington Press, 1996.

MAGGIE, Yvonne. *Medo de feitiço: relações entre magia e poder no Brasil*. Rio de Janeiro: Arquivo Nacional, 1992.

MAUSS, Marcel. *Ensaios de sociologia*. São Paulo: Perspectiva, 1999.

RAMOS, Arthur. *O negro brasileiro*. São Paulo: Companhia Editora Nacional, 1940.

RODRIGUES, Nina. *O animismo feitichista dos negros baianos*. Rio Janeiro: Civilização Brasileira, 1935.

SANTOS, Maria Stella de Azevedo. *Meu tempo é agora*. Curitiba: Projeto Centrhu, 1995.

SOUZA, Beatriz Muniz de. *A experiência da salvação: pentecostais em São Paulo*. São Paulo: Duas Cidades, 1969.

TROELTSCH, Ernest. *Igreja e seitas*. Religião e sociedade 14/3. São Paulo, ISER/CER, 1987.

VALLADO, Armando. É difficille africanizzare il candomblé. In: BARBA, Bruno, FALDINI, Luisa e PRANDI, Reginaldo. *Sincretismo o africanizzazione?* Gênova, Itália: ECIG, 2002.

WEBER, Max. Sociologia de la comunidad religiosa (Sociologia de la religión). In: *Economia y sociedad*. México e Buenos Aires: Fondo de Cultura Económica, 1964.

Este livro foi impresso em novembro de 2021, na Gráfica Edelbra, em Erechim. O papel de miolo é o offset $75g/m^2$ e o de capa é o cartão $250g/m^2$. A fonte usada no miolo é a ITC Stone Serif 9/14.